독립군과 무기

【일러두기】

1. 본문 내용과 관련하여 인명이나 지명의 한자 및 외국어표기, 기타 설명 등을 덧붙인 것은 필자가 작성한 것입니다.
2. 일제 정보문서류 등 인용문의 경우, 표기나 한자 병기 등도 원문을 그대로 원용함을 원칙으로 하였습니다.
3. 사진자료는 서울역사박물관 (사)남북역사학자협의회 소장기관 및 개인의 승인을 받아 사용하였으며 기타 무기류 등 일부 사진은 스웨덴육군박물관(https://www.armemuseum.se), 위키피디아 등 저작권프리자료를 사용하였습니다. 관련하여 혹 저작권 승인이 누락된 것이 있다면 출판사에 연락해주시기 바랍니다.

독립군과 무기

박 환

도서출판 선인

[1920~30년대 만주 독립군 모습]

◆ 1920년대 독립군

대한통의부 부대

참의부 대원들

광정단 독립군 부대원들

◆ 1930년대 독립군

1로군 경위대

미혼진 항일연군

항일 여전사

◈ 독립군의 군수용품

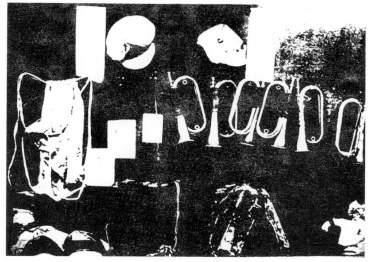

독립군의 나팔, 모자 등

독립군의 군복

[의병과 독립군이 사용한 무기들]

<u>의병/독립군</u>

뇌관식 권총

마우저 C96

나강 리볼버

Type 26 리볼버

안중근의사 사용 권총 엽서(동국사 소장)

브라우닝 M1900
(안중근 의사가 의거 당시 사용한
동종의 권총)

38구경 S&W DA 권총

베르단 소총(러시아)

마우저 모델 1871/84 소총

마우저 모델 1871 카빈 소총

스프링필드 모델 1861 강선식 머스켓 총

독립군

모신나강 소총

마우저98K 소총
(광복군도 사용)

Type 38 아리사카 소총(일본)

PM M1910 러시안 맥심 기관총

독립군 나팔

수류탄

[광복군이 사용한 무기들]

광복군

M1 카빈 소총

M3 기관단총

ZB vz 26 경기관총

M1 개런드 소총

한양 88식 소총(중국)

24식 중국 기관총

(출처: 전쟁기념관 도록 『독립전쟁, 그 위대한 여정』)

도검류

의병도검

30식 일본 군용 대검

일본제국 구군도

책을 내면서

1910년 일제의 조선강점 이후 애국지사들은 만주로 망명하여 독립전쟁론에 근거하여 독립운동기지건설, 독립군 양성 등을 추진하였다. 북만주의 한흥동, 북간도의 나자구, 명동촌, 서간도의 유하현 및 통화현 등은 대표적인 독립운동기지였고, 신흥무관학교 등은 대표적인 독립군 양성기관이었다. 그러나 1910년대 독립군의 무장력은 너무도 미비하여 무관학교 등에서도 독립군 병사들이 나무를 깎아 만든 목총으로 훈련을 하는 등 안타까운 상황이었다.

1919년 국내에서의 평화적인 만세시위 이후, 만주지역의 독립운동노선은 독립군기지건설과 독립군양성 등 독립전쟁 준비론에서 독립전쟁 전개론으로 전환되었다. 만주지역에서는 수많은 무장독립군부대들이 조직되었고 이들은 자신들의 무력을 바탕으로 국내진공작전을 활발히 전개하였다.

독립군부대에 있어서 무기구입과 운반 등 무장력의 확보는 독립전쟁을 전개해나가는데 가장 중요한 부분이었다. 이들 무기는 주로 러시아지역에서 구입한 것으로, 러시아제 무기뿐만 아니라 일본제, 독일제, 벨기에제, 미국제, 프랑스제, 영국제 무기도 포함되었다. 그리고 체코군단에게서 구입한 무기도 다수 있었으며, 일본군과의 전투에서 노획한 무기도 있었다.

우리 학계에서 3·1운동 이후 만주지역에서의 독립운동과 봉오동, 청산리 전투 등 무장투쟁의 전개과정 등에 대해서는 일정하게 연구성과가 축적되어 있다. 그러나 무장투쟁을 위한 무기구입이나 운송, 전투에서 사용한 무기들에 대해서는 단편적으로 언급될 뿐 거의 연구가 없었다고 볼 수 있다.

이 책은 독립군부대와 관련한 사료, 회고나 일지 등을 통해 만주지역 독립군들이 독립전쟁에 나서는 과정에서 사용한 무기들을 본격적으로 살펴본 것이다. 주로는 3·1운동을 기점으로 하고 봉오동전투, 청산리전투를 전후로 하여 간도지역에서의 무장력 확보를 중심으로 당시 독립군부대들이 조달했던 무기의 종류, 구입대상, 운반경로, 보유현황 등을 밝혀보았다.

독립군의 무기에 대한 정보들은 주로 당시 일제가 작성한 첩보 보고서류의 문서들에 산재하여 섞여있다. 불령선인(不逞團關), 배일선인(排日鮮人) 등으로 명기된 항일운동가들, 그리고 마적이나 불령단(不逞團)으로 명기된 독립운동단체들의 동향과 관련하여 만주지역의 일본영사관, 특무기관의 요원 등 정탐들이 작성한 것들이다. 독립군의 무기 연구에 적군(敵軍)이었던 일제가 작성한 사료를 활용하는 것이 역설적이긴 하지만, 오히려 그렇기에 사실에 근접한 측면도 있으리라 판단된다. 전투의 승패와 관련된 무기 정보를 과장하거나 무시하여 작성하지는 않았을 것이기 때문이다. 이에 대해서는 주로 『독립운동사자료집』(독립운동사자료편찬위원회, 1976), 『현대사자료』(강덕상, みすず書房, 1977), 『외무성경찰사』(不二出版, 동경, 1998) 등에 수록된 관련 사료들을 활용하였다.

독립군의 사료로서는 회고나 일지, 수기나 보도 등을 살펴보았다. 선행 연구와 함께 필자가 관여하거나 발굴하여 공개한 자료들에 의거하여 당시의 사실 정보를 확인하고 보완하였다. 군자금 관련 '북간도 15만원사건'에 대한 최봉설의 회고, 무기조달과 관련한 이우석의 증언 『무기운반을 가다』와 이정의 『진중일지』, 독립군부대의 무장력에 대한 정이형의 회고 등 무기와 관련한 귀중한 자료는 원문을 그대로 원용하여 수록하였다. 이와 함께 독립군과 특별한 관계였던 체코군단과의 무기거래와 관련하여 최근 발굴된 체코의 사료도 덧붙였다.

　　이우석의 증언과 이정의 일기를 함께 수록한 것은 사실의 기록에 대한 필자의 선택이자 한편으로 아픈 역사를 드러내는 것이기도 하다. 이우석은 청산리전투에 참전한 부대원이었고, 이정 역시 김좌진장군의 비서로 청산리전투에 참전했다. 이우석은 광복된 조국땅에 묻힌 청산리의 마지막 독립군이라는 영예로 남아 있고, 이정은 역사의 법정으로 소환되어 일제의 밀정이었음이 기록으로 증명되고 있다. 역사의 소중함과 엄혹함을 새삼 느끼게 된다.

　　역사학자로서 청산리·봉오동 전투가 전개된 지 한세기가 지난 100주년을 맞이하는 시점에서 이 책을 펴내게 되어 무엇보다 기쁜 마음이다. 모쪼록 이 작업이 독립전쟁의 실상에 대한 연구의 지평을 넓히고 독립군의 무기 및 전투력에 대한 보다 구체적인 연구로 이어지는 시작점이 되길 기대한다.

이 책의 출판에 여러분의 도움이 있었다. 편집기획에 도움을 준 유대성학형과 자료를 제공해준 전쟁기념관, 서울역사박물관, 대한민국 역사박물관, 독립기념관, 성균관대학교 박물관과 심헌용, 염경화, 조준희, 신효승 동학 등 그리고 격려를 아끼지 않은 수원대 김동섭 교수, 블라디보스토크의 박유은, 이창준님께도 고마운 마음 전한다. 아울러 선인 윤관백 사장과 편집부 여러 선생님들께도 감사의 인사를 올린다.

병석에 계신 어머니의 완쾌를 기원하며, 항상 간병에 고생하는 박경, 박찬 동학에게 미안함과 고마운 마음을 표한다.

2020. 5.
문화당에서 청헌(清軒) 박 환

차례

책을 내면서·· 16

제1장 무장武裝··· 23
　무장독립군단 창설·································· 25
　군자금조달·· 29
　무장의 개시······································· 32
　【회고기】군자금 모금과 무기구입의 실상
　북간도 15만원 사건································· 41

제2장 무기武器··· 59
　독립군의 무기····································· 61
　독립군의 군수품··································· 80
　의병과 무기······································· 86
　【방문기】대한통의부 의용군사령부 정이형의 회고
　1. 정이형··· 92
　2. 나의 망명추억기································· 94

제3장 구입購入··· 103
　러시아혁명군과 미군······························ 105
　무기중개업자····································· 108
　체코군단··· 115

【발굴보도】1919년의 체코신문과 2018년의 한국신문
　1. 체코신문 『덴니크』의 보도······························· 128
　2. 한국신문 『중앙일보』의 취재······················· 146

제4장 운반運搬··· 155
　무기반입 경로··· 157
　무기운반 방식··· 159
　무기운반부대·· 162
　【발굴보도】무기운반대에 대한 두 개의 아픈 기록
　1. 이우석, 무기운반을 가다(1920년 6월 경)··············· 172
　2. 이정, 『진중일지』··· 176

제5장 전투戰鬪··· 183
　무장현황··· 185
　근거지 상황··· 191
　【승전사】봉오동전투와 청산리전투
　1. 봉오동 전투··· 200
　2. 청산리전투··· 211

주 및 참고문헌 ··· 225
찾아보기 ··· 230

제1장
무장武裝

무장武裝

무장독립군단 창설

1910년을 전후하여 중국동북지역(만주) 한인사회를 기반으로 독립운동기지를 건설하고자 하는 움직임이 독립운동가들 사이에 활발히 전개되었다. 이러한 움직임은 독립전쟁론에 기반을 둔 것이었다. 독립전쟁론이란 일제는 필연적으로 중일전쟁과 러일전쟁, 그리고 미일전쟁을 유발하게 될 것이므로 그러한 전쟁이 일어날 때 한국인은 대일독립전쟁을 감행하여 독립을 쟁취해야 한다는 것이다. 이에 따라 전 국민은 무장세력의 양성과 군비를 갖추면서 독립운동의 기회를 기다려야 한다는 전제 아래 독립운동기지를 건설하게 되었는데, 그 첫단계 사업은 민족정신이 투철한 인사들을 집단적으로 해외에 이주시키는 것이었다. 이러한 계획안은 신민회에 의하여 구체화되었으니, 이들은 1910년을 전후하여 중국동북지역에 한민족을 집단적으로 망명시키고자 하였다.

1910년 일제에 의해 한국이 강점당하자 신민회의 계획에 따라 서간도 지역에는 경학사, 부민단, 신흥강습소 등이 조직 운영되었다. 그리고 북간도 지역에서는 명동촌이 독립운동기지로서 그 역할을 다하였다. 이러한 독립운동기지의 건설은 이 지역 한인 사회를 기반으로 한 한국독립운동의 확대 발전이라고 할 수 있으며, 3·1운동 이후의 본격적인 대규모 독립전쟁을 위한 준비 단계로서 그 의미가 크다고 하겠다.

중국동북지역에서 독립운동단체들이 무장세력을 보유할 수 있을 정도로 성장하였을 무렵, 국내에서는 3·1운동이 거족적으로 일어났다. 3·1운동을 통해 한민족은 평화적인 시위로서 조국의 광복을 달성하고자 하였다. 그러나 한민족은 곧 이것이 제국주의의 기본 속성을 간파하지 못한 비현실적인 투쟁방략이었음을 절감하게 되었다. 이를 계기로 중국동북지역을 중심으로 무장투쟁론이 적극 대두되었으며, 모든 재만동포들의 절대적인 지지하에 각 독립운동단체들을 중심으로 70여개의 독립군부대가 창설되었다.

1919년 이후 당시 만주지역의 독립군단체들이 독립군부대를 편성하고 무장을 갖출 수 있던 배경에는 3·1운동 이후 고양된 민족의식을 바탕으로 국내외 동포들의 군자금 지원이 이루어지고 있었기 때문이었다. 아울러 러시아혁명 이후 내전 상황 속에서 무기의 구입이 보다 쉽게 가능하였기 때문이라고 판단된다.

3·1운동을 기점으로 만주지역에서 편성된 주요 독립군부대를 살펴보면 다음과 같다.

북간도

대한독립군	1919년 3월	왕청현 봉오동
대한정의단	1919년 3월	왕청현
야단	1919년 3월	북만 중동선 일대
대한신민단	1919년 3월	훈춘
의군부	1919년 4월	연길현 명월구
대한정의군정사	1919년 10월	안도현

도독부군 대한독립군 합류	1919년	왕청현
북로군정서	1919년 12월	왕청현
대한의용군	1920년 12월	영안현
광복단	1920년 봄	안도현
혈성단	1920년	흑룡강성 조운현
의단군	1920년 7월	북간도
대한국민단	1921년 10월	장백현
대한의용군사회	1921년 10월	북간도
고려혁명군	1923년 5월	연길현 명월구

서간도

서로군정서	1919년 11월	유하현
대한독립단	1919년 3월	유하현 삼원보
대한독립청년단	1919년 4월	단동
대한청년단연합회	1919년 11월	관전현 홍통구
대한독립군비단	1919년	장백현 8도구
광정단	1920년 봄	무순현
의성단	1920년	봉천성 회덕현
신흥무관학교	1920년 5월	통화 광화향
광한단	1921년 5월	관전현
대한광복군총영	1920년 6월	관전현

러시아

대한독립군결사대	1920년 12월	연해주
대한독립군단	1921년 1월	연해주

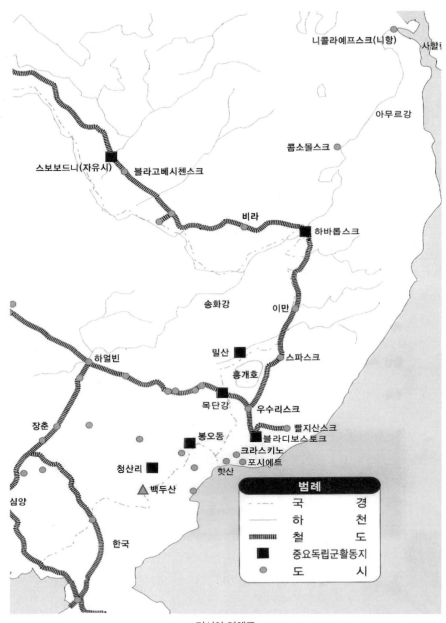

니콜라예프스크(니항)

사할[

아무르강

콤소몰스크

스보보드니(자유시)　블라고베시첸스크

비라

하바롭스크

송화강

이만

밀산

스파스크

흥개호

하얼빈

목단강

우수리스크

장춘

봉오동

빨지산스크

블라디보스토크

청산리

크라스키노

포시에트

핫산

백두산

심양

한국

러시아 연해주

범례	
-----	국　　　　경
———	하　　　　천
▨▨▨▨	철　　　　도
■	중요독립군활동지
●	도　　　　시

만주는 원래 특정 지역 명칭이 아니라 '만주족'이라는 민족 명칭에서 따온 것이다. 만주족이 살던 곳이라하여 만주(滿洲)라고 불렀는데, 일반적으로는 일제가 침략하여 세웠던 만주국의 영토를 말한다.

간도는 북간도와 서간도로 구분된다. 북간도는 동간도라고도 부른다. 훈춘(琿春), 왕청(汪淸), 연길(延吉), 화룡(和龍)의 네 현(縣)으로 나누어져 있는 두만강 북부의 만주 땅을 말하는데, 보통 간도라고 하면 이 북간도를 말한다. 서간도는 압록강과 송화강(松花江)의 상류 지방인 백두산 일대를 가리킨다.

연해주(沿海州)는 '바다에 접해 있는 땅'이란 뜻으로 러시아 극동 프리모르스키 지역을 말한다. 행정중심도시는 블라디보스토크이다.

군자금조달

항일무장독립군단이 형성되면서 국내의 독립운동조직과 한말부터 이주해있던 간도지역 한인사회를 통해 적극적인 군자금 모집과 조달이 이루어졌다. 독립운동을 지원하는 국내의 지주나 부호, 간도에서 자리를 잡은 한인 상인 등의 역할도 컸지만 하루 먹고살기도 힘든 식민지 민초들과 이주민들의 참여도 많았다. 체코슬로바키아의 골동품 시장에 당시 한국인에게서 무기대금으로 받았을 것으로 추정되는 금비녀, 금반지, 비단 보자기 등이 흘러나왔고 놋요강도 끼어 있었다는 것은, 얼마나 눈물겹게 군자금을 모금했는지를 짐작하고도 남음이 있다.[1]

독립군부대의 군자금모집은 독립운동단체가 모집원을 국내로 잠입시키거나 간도지역의 여러 한인사회로 파견하는 방식으로 이루어졌다.

국민회에서는 군자금 모집 및 용사 징모를 위하여 4월 28일 박경민(朴慶敏)·김성서(金成瑞) 외 8명을 조선 안으로 출발시켜, 박(朴) 일행은 함흥에, 김(金) 일행은 명천에 향하게 하였는데, 그들은 구춘선·박경철(朴京哲)·서상용 등 3명 연서의 권유 포고문을 소지하고 또 동회 지방 총회에서도 같은 행위가 있어서, 즉 삼도구(三道溝) 서부 지방회는 무산군에 송석(松石), 남부 지방 총회는 회령군에, 화전자(樺田子) 동부 지방 총회는 종성군으로 각 8명의 모집원을 파견하였다 하며, 그리고 재 간도 불령선인의 친족지기인 선인 청년으로서 독립군을 지원하고 간도에 도착된 자 이미 1백 20명에 달하여 명천·길주·함흥 부근의 인원이 가장 많다고 한다.[2]

노령 추풍 방면에서 동녕현(東寧縣) 고안촌(高安村)을 경유하여 왕청현(汪淸縣) 나자구(羅子溝) 삼차구(三岔溝) 북하마탕(北蛤蟆塘) 방면에 다수의 총기를 반입했다고 하는 정보는 이미 보고한 바와 같은데, 그 수가 약 1,400정 정도에 달한다. 이에 불령조선인은 총기 구입 비용에 충당하고 있는 군자금 중 간도방면에서 모집한 금액은 약 50만 원에 달한다고 한다. 각 단체에서 모집한 대략의 금액을 열거하면 다음과 같다.

대한간도국민회: 17만 원, 대한독립군정서: 13만 원, 대한독립군도독부: 6만 원, 대한독립의군단: 7만 원, 대한신민단: 3만 원(露領 및 훈춘지방 모집금은 본 금액에 포함되지 않음), 대한광복단: 4만 원, 합계: 50만 원[3]

50만원으로는 어느 정도의 무기를 구입할 수 있었을까. 당시 무기거래에 대한 일제의 정보 보고서를 보면, 무기구입을 위한 교섭과정에 대한 첩보뿐만 아니라 소총류, 권총류의 밀매 가격이나 1정 당 포함된 탄약까지도 기재되어 있어 그 정황을 현실적으로 짐작할 수 있게 해준다.

기록에 따르면, 대한국민회 회장 구춘선이 동부지방 회장에게 다음과 같은 지시를 하고 있다.

훈춘에 파견된 이광(李光)씨의 확실한 통신에 의하면, 금 1만 5천원으로 총 300정, 탄환 매정마다 1,200발을 구입하기로 러시아인과 직접 계약을 했다고 한다. 귀 지방회와 협의하기 위해 주건(朱建) 최봉렬(崔鳳烈) 두사람을 파견하오니 합의한 후 귀회에서 이미 매수하려고 한 것은 정지하고, 여하한 방법을 써서라도 이것을 매수하기 바란다. 본 총부는 절대 필요하다고 인정함[4]

또한 1920년 7월 21일 제1중부지방회 회장 대리, 대한국민회 부회장 서상용(徐相庸)이 대한국민회 회장에게 다음과 같이 보고하고 있다.

지난번에 본 지방회에서 파견한 박병흡(朴秉洽) 일행은 무사히 모지에 체류하여 열심히 운동한 결과, 블라디보스토크에서 장총 100정을 매정마다 35원(총, 혁대, 탄환 매정에 대해 100발식 첨부)으로 구입하고, 박씨는 운반대를 인솔하고 노령으로 갔다가 본일 귀환[5]

노령 무기구입 상황에 관한 건 보고

당시 간도지역의 물가는 노동자 일 노임이 0.20~0.30원, 월 노임은 5.00~5.80원, 년간 노임은 30~45원으로 조사되고 있다.[6] 이를 기준으로 따져보면, 장총 1정과 100발의 탄환을 합친 가격은 한사람이 1년간 일하고 받는 돈과 비슷한 큰 돈이라고 할 수 있다. 독립전쟁을 위한 무장력을 확보하기 위해서는 얼마나 많은 자금이 필요했는지를 짐작하게 해준다.

독립운동단체의 군자금 모금은 제한적이거나 항상 부족할 수밖에 없었다. 따라서 만주지역의 독립운동가들은 독립운동의 정당성을 전제로 군자금확보를 위해 때론 무력도 불사해야만 했다. 이것은 당시 무장력의 확보에 나섰던 독립운동단체들의 처지를 극명하게 대변한다고 할 수 있다.

군정서 군무서 경무총장 서일(徐一)은 백초구(百草溝), 기타 각지로부
터 약 3백 명의 장정을 징모하고 목하 왕청에 집합시키고 있다. 또, 본
월 25일 러시아로부터 38년식 총 4백정, 대포 3문, 기관총 2정이 도착
하였다.

무장의 개시

만주지역의 독립운동단체들은 군자금조달과 함께 우수한 무기를 구입하기 위
하여 많은 노력을 기울였다. 무장투쟁으로 전환한 이후 1920년 말까지 1년여 동
안 독립군부대의 무장력은 급격하게 확대, 강화되었다. 이 시기 일제의 보고문에
나타나는 독립군의 무기구입 활동을 살펴보면 다음과 같다.

먼저 북간도지역의 경우, 대한군정서(북로군정서-필자주) 등의 독립군부대를 중심
으로 적극적인 무기구입에 나서고 있었다.

지난번 러시아령에서 일군과 충돌할 무렵, 불령선인이 소지한 총기
의 일부는 이를 동녕현 삼차구(三岔口) 부근에 운반하여 올 의사로,
군정서에서 이 총기를 간도 지방으로 반입하기 위하여 대원 2백 명을
5월 2일 나자구를 거쳐서 삼차구 부근으로 향하게 하였다.

그리고, 최근 상해 가정부 간도 파견 위원 안정근은 총기 4천 정의
반입을 위해 동도군정서 및 동도독립군서로부터 약 3백 명의 운반 부
대를 삼차구 방면으로 파견하였다. 이상은 이동휘가 상해 및 흑룡주
(黑龍州)의 러시아 과격파와 양수(讓受)의 교섭을 마치고 있던 것이고
또 서일(徐一) 일파의 군정서는 앞서 김영학(金永學) 및 최우익(崔禹益)의
알선에 의하여 블라디보스토크 및 니콜스크 방면의 러시아 과격파로
부터 군총 3만 정의 양수 계약을 하였는데 최근 김영학으로부터 일부
인도한다는 통첩이 있으므로 7월 중순 현갑(玄甲)을 수송 지휘관으로
하고 운반 부대를 파견하였다 한다.[7]

대한군정서는 만주지역 독립운동단체들 가운데 가장 강력한 무장력을 갖춘 부대로 알려져 있다. 1920년 10월 일제의 조사에 따르면, 소총이 1,300정, 권총이 약 150정, 기관총이 7문, 수류탄 80상자를 소장하고 있었다고 하고 있다. 병사 1인당 소총 1정, 실탄 500발, 수류탄 1개를 무장하도록 하였다. 소총은 주로 러시아식 장총과 기병총이 절반을 넘었으며, 그밖에 일본제 명치 30년(1897)식과 38년(1905)식 등이었다.[8]

　　대한군정서의 무장력의 특징은 기관총, 야포(砲) 등 중무기로 무장하였다는 점을 들 수 있다. 당시 다수의 독립군 부대들이 대체로 소총으로 무장하고 있음을 볼 때 이는 주목할 만한 점이라고 할 수 있다. 특히 대한군정서의 경우 조직상 기관총대(機關銃隊)를 별도로 두고, 제1소대장에 김덕선(金德善), 제2소대장에 최린걸(崔麟杰)을 임명하는 등 중대를 두고 있었음을 알 수 있다. 아울러 사관연성소 학도대에도 기관총부를 별도로 설치하고 있을 정도였다.[9]

　　대한군정서의 대포 구입이나 상해임시정부의 폭탄제조 등 중화기에 대한 또다른 보고도 확인된다.

> 　　군정서는 작전의 계획상 총기의 정비를 가장 긴요하다고 하여, 간단 없이 이의 충실에 노력하고 있다. 근래 포 2문(制式 미상) 및 다수의 총기 탄약이 도착하게 되어 있다.[10]
>
> 불령선인의 행동

> 　　본월 24일 온성 대안 봉오동(鳳梧洞)에 왕청으로부터 우차(牛車) 1대의 폭탄이 도착되었다. 또, 상해 가정부로부터 러시아 사람 2명을 파견하여 폭탄을 제조 중으로 현재 동지(북간도 왕청)에는 약 5백 명의 불령선인이 집합하고 있다고 한다.[11]
>
> 폭탄 제조에 관한 건 함경북도 지사 보고

봉오동전투의 승리로 이어지는 북로독군부의 무장력에 대한 보고도 보인다.

간도로 내도한 가정부(假政府, 상해임시정부-필자주)의 특파원 이용 (李鏞) 및 안정근(安定根)·왕삼덕(王三德)등 3명은 가정부의 지령에 따라 이 무렵 가급적으로 간도의 군사 통일 계획을 실현하도록 불일간 각 단체를 순방하고 오는 27·8일경 명월구 내에서 군사 교육 기관을 설립하도록 계획을 세우고 그 준비에 착수하여 교관으로서 훈춘(琿春)에 거주하는 김정(金眞, 金精)을 채용하고 주건(朱建)은 학생 모집에 종사하였다.

북로독군부의 근거지는 봉오동에 있었고, 주요한 인물은 다음과 같다.

주요인물 및 직위	병졸 인원(국민회 및 독군부 합병한 것)	무기류
북로독군부장 최진동(崔振東) 동 부장(副長) 박영(朴英) 동 부장(副長) 안무(安武) 참모부장 이병영(李秉榮) 사령부장 홍범도(洪範圖) 동 부장(副長) 박경철(朴景喆) 동 부장(副長) 주건(朱建) 위생과장 박원(朴元) 군무국장 이원(李園) 동 부장(副長) 김동규(金東奎)	최진동 부하 약 6백 70명 홍범도 부하 약 5백 50명 계 1천 2백여 명	소총 약 9백 정 폭탄 약 1백 개 권총 약 2백 정 기관총 2문 탄환 총 1정에 부 1백 50발 망원경 7개

상해임시정부를 지지하던 서간도지역 대한청년단연합회도 1919년 12월에 개최된 1차총회에서 독립전쟁을 결의하고 무기구입을 추진하고 있었다.[12] 그러나 2차 총회가 개최된 1920년 4월 중순까지 무기를 구입하고 있지 못한 형편이었다.[13] 동 연합회에서는 2차 총회 비밀회의에서 무기구입을 재삼 의결하고 이를 적극 추진하고자[14] 이탁을 상해에 파견하였다.

이탁은 상해에 도착하여 권총과 폭탄을 구하게 되었다. 이에 교육부장 대리 오동진은 동지들로부터 모금한 660원을 지응진에게 주어 상해로 향발케 하였다. 지응진은 같은 해 5월 19일경 관전현을 출발하여 임시정부의 교통기관인 안동현 이륭

양행 내에 설치한 교통사무국을 경유, 상해로 도항하였다. 그러나 동 연합회의 이러한 노력은 실패하고 말았다. 같은 해 7월 무기가 안동현에 도착한 후 일제의 탐지로 오학수, 지응진 등 다수가 체포되었던 것이다.[15]

서간도지역 독립운동단체들과 러시아혁명군과의 연계에 대한 일제의 정보 보고서도 확인된다. 즉,

> 안도현에 있는 일본인의 보고에 따르면, 조선인 게우삐찌게라는 자는 러시아과격파의 원조에 의해, 총기 3,500정을 얻어 이미 유하현 삼원보로 운송을 마쳤다.[16]

조선인의 총기운송 및 장정모집 헌병대사령부 간도파견원의 보고 1919년 7월 18일

라고 하여 러시아 볼세비키들이 일찍부터 서간도지역의 독립운동단체들에게도 무기를 제공하고 있음을 짐작해볼 수 있다. 당시 유하현 삼원보지역에는 서로군정서, 대한독립단 등의 본부가 위치해 있었다.

북만주 및 러시아지역의 경우, 이동휘의 무기구입 활동과 관련한 일제의 보고문을 찾을 수 있다. 여기에는 당시 독립군단체가 확보한 무장력에 대한 구체적인 수치도 상세하게 분류되어 기재되어 있다.[17]

> 최근 북만주 및 시베리아지방에서 발호하는 주요 불령선인에 대해 내밀하게 조사를 마친바, 대개 다음과 같이 조사보고를 드립니다.
> 본신(本信) 회송(回送) 조선총독부(朝鮮總督府)
>
> 3. 이동휘(李東輝)
> 상해임시정부 군무총장(軍務總長) 당시 안창호(安昌浩)와 의견이 충돌되어 군무총장을 사직한 후에 러시아령(露領) 국민회의(國民會議)장 겸 선전부장을 겸장(兼掌)하였다. 치타의 과격파라고 ●●●후 러시아령 및 북만주 오지에 재주하는 조선인에게 공산주의를 선전하고 스스로 재러시아선인공산당(在露鮮人共産黨) 수령임을 선언하고, 현재 5만여 명의 의병을 가지고 있다고. 실제로는 5만 5천 명 정도로서 치타에 무관학교를 설치하고 과격파정

부의 육군 장교를 용병(傭兵)하여 러시아식 교련을 하고 있다고. 학생 수는 약 50명이라고. 그의 병사 수 및 병기 기타는 다음과 같다.

1919년 12월 10일 하얼빈
주재 총영사
산내사랑(山內四郞)
주요 불령선인에 관한
조사 보고의 건

(1) 병사 수

　　장교 3백 명, 하사 이하 5만 7천명

(2) 병기

　　러시아식 총 및 일본 30년 식 및 일본 38식 총 모두 2만 5천정

(3) 권총

　　독일식 및 러시아식, 미국식 합하여 1만정

(4) 군도

　　1만 5천 진(振)

(5) 탄환

　　2천발 입(入) 상자 5개

(6) 폭탄

　　5백(그들에게 제조자가 있다고)

(7) 군복

　　1만착(예비품)

(8) 기타 위생재료 다수 있다

(9) 본래 병기 탄약 및 기타는 노국 과격파로부터 급여된 것이라고

(10) 의병주둔지-서북간도·길림·시베리아·상해·흑하(黑河)에 산재

　　독립군부대의 무기구입은 러시아 연해주와 국경을 맞대고 있던 북간도를 중심으로 활발하게 이루어졌다. 그 상세 현황에 대해서는 다음장부터 본격적으로 살펴볼 예정이다.

러시아지역 한인 독립군 부대(한창걸부대)

러시아 한인독립군부대(쉬코토보)

대한군정서 부대원들

대한군정서 사관학교 졸업식

在東北打游擊的韓國戰友 ↓

한국독립군(1944년 8월 29일 중경판 독립신문)

1920년대 전반기 독립군의 러시아식 무기와 탄약 등

제7군 기관총

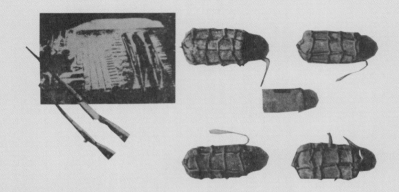

항일연군 무기

허형식 장군(동북항일연군 제3로군 총참모장) 권총

【회고기】군자금 모금과 무기구입의 실상
북간도 15만원 사건

최봉설(좌)과 임국정

'북간도 15만원 사건'은 3·1운동 직후 북간도 철혈광복단의 주역 최봉설, 임국정, 윤준희, 한상호 등이 용정에서 일경을 습격하여 조선은행 회령지점에서 송금하던 15만원을 탈취하여 독립전쟁을 위한 군자금으로 사용한 의거이다. 이 작전으로 최봉설(일명 최계립)을 제외한 3명은 일경에 체포되어 서대문교도소에서 처형되었다.

이 의거의 상세한 전말은 당시 유일한 생존자였던 최봉설이 1959년에 '북간도 15만원 사건에 대한 40주년을 맞으면서'라는 제목으로 작성해놓은 자필 회고기가 필자에 의해 고려학술문화재단에 입수되어 공개되면서 세상에 알려졌다. 연해주에서의 3·1운동 이후 군자금 모금과 무기구입의 실상을 잘 알려주는 사료로써, 원문을 전재한다.(필자주)

КазССР. Ст.Берказан., Кызылординская область(카자흐 소비에트 사회주의 공화국, 베르카잔 역, 크즐오르다지역)에 거주하는 소련 공산당원 최계립 동지 감사기에서.

중국 북간도(지금 조선인자치주)에 모여든 백성들은 기사·경오년에 조선에서 흉년을 못 견디어 망명하여 온 사람들이 차츰 조선인 부락을 형성하였다.

조선이 일본제국주의자들에 강제 합방을 당한 후 조선 서울사람 이상설이 와서 용정에다가 "서전서숙"이라는 단체를 조직하여 가지고 청년들을 애국정신으로 교양하였다. 국자가에서는 "간민교육회"를 조직하고 각처에 학교를 설립하게 착수하였는데 이동휘는 각처에 순회하여서 구학서재를 맡을 학교를 설립하며, 조선 사람들 상투를 깎고, 조선이 일본에게 강제합병된 이유를 설명하는 등 반일운동을 전파하였다(이동휘가 연설하다 한번 울면 학교 하나씩 조직되었다고 하였음). 이때에 조선에서 망명하여 온 혁명지사들이 간도에 많이 모여서 여러 학교를 조직하고 자기들이 직접 교수하였다. 예하면 "명동중학"에는 김약연·박태관, "창동학원" 이병휘·(이성)남공선·박운피, "광성중학교"에서는 김하석·김립·장기영·계봉우들이었다. 그들은 당시 조밥에 된장덩이도 간신히 얻어먹으면서 청년들에게 애국열을 배양하여 주었다. 이로 인하여 전체 간도에 사는 조선 주민들 가운데 반일 애국열이 열열하였다.

간도에는 세 중학교 학생들을 중심하고 "철혈광복단"이라는 단체가 1914년 경에 전일(全一) 동지 발기로 조직되었다. 단원 손가락에서 피를 짜서 혈서로 조선독립에 종사하겠다는 맹세를 하였고 그 단에 당시 암호는 "우죽선생(友竹先生)"이었다[이 단체가 러시아령(俄領) 연해주, 수청 기타 등지에도 파급되었음]. 당시 간도 청년계에는 푿뽈·베쓰뽈(야구) 기타 운동이 성행되었다.

왕청 나재거우 깊은 수림(樹林)속에는 이동휘 선생 주최로 비밀 사관학교를 설립하고 전일·장기영(張基永) 선생이 열성으로 교수하였고, 그 지방 주민들이 극력 주선으로 유지하였으나 나중에는 경비문제로 사관학교를 폐지하고 학생들과 교사들이 러시아령(俄領)으로 가게 되었다. 그 때가 바로 1914년 제1차 세계대전이 시작한 때였다

왜놈들이 강박하게 중국관청에 교섭하는데서 "창동"·"광성" 두 학교는 문을 닫고 교원들은 망명하여 러시아령 연해주로 가게 되었다. 블라디보스토크(海三)에 갔던 30여 명 학생들은 1914년 봄에 김병학이라는 청부업자에게 팔려서 우랄산 나제센쓰크 목재소에 팔려갔다가 1917년 2월혁명 후에 김 알렉산드라 페트로브나 투쟁으로 해속되었다. 당시 훈춘현 내에는 "강서당(講書堂)"을 조직하고 반일운동을 진행하였다.

간도에서 3·1운동

1919년 3·1운동이 조선에서 폭발되자 간도에서는 3월 12일에 빈손에 태극기를 쥐고 만세를 부르게 되었다. 철혈광복단(鐵血光復團)에서 임시로 결사대를 조직하여 가지고 시위운동 선두에 서서 나가다가 왜놈들의 간교한 꾀로 21인이 총살을 당하였소(중국 육군놈들에게 총살을 당하였음). 행렬 선두에 우리 체조 선생 박문호가 기를 들고 나가다 총살을 당하니 그 기를 채창현(베림-우랄 목재소에 갔던 학생)이 들고 나가다 또 총살을 당하니, 그 기를 최익선이 들고 나가다가 또 총살을 당하여서 합 21명이 총살을 당하니 시위행진을 정지하였다. 삼일만에 총살된 시체들을

장사하였다.

그 후 철혈광복단(鐵血光復團) 간부에서 회의를 열고 장래 운동 방침을 토론한 결과에 무장운동으로 넘어가서 우선 간도에 있는 조선 놈 "개"무리부터 없애고 그 다음에는 무력으로 일본제국주의를 반항하자는 의견이 성립(成立)되었다. 당시 우랄산에 갔다 2월혁명 후에 해방되어 돌아온 임국정 동지는 말하기를 러시아 노동자들도 무장폭동으로 황제주권을 정복하였고 블라디보스토크(海三)에서는 일화(日貨) 15엔 만 주면 오연발(五連發)을 살 수 있다고 하였다.

그래서 무장준비에 착수하였다. 그러나 돈이 없었다. 임국정·최봉설(계림)·박웅세·한상호 4사람이 자기집에 있는 송아지들을 팔아가지고 해삼[블라디보스토크, 俄領(러시아령)]으로 총을 사러가니 그 곳에는 조선인 국민의회가 있었다. 박웅세·한상호는 에헤로 보내고 ст. Эхо(에호 역) 국민의회에서 조직한 백파(백위파)의 군대], 임국정이는 해삼(블라디보스토크)에 떨어지고 나 혼자 떠나서 간도로 도로 나왔는데 인차 철혈광복단원 윤준희를 만나서 무기(武器)를 사는 데는 금전이 요구되니 그것을 얻을 방침을 상론하게 되었소. 처음에는 일본 농상점을 털어서 금전을 얻자고 하다가 나중에는 일본 은행에 매일 40만엔 돈이 있다니 그것을 한번 앗아 가지면 무기를 사고 군인을 모집할 수 있다고 토론하였다. 그 후에 나는 다시 해삼(블라디보스토크)에 가서 박웅세·한상호·윤준희를 만나서 같이 간도로 돌아왔다. 올 때에 취풍 다재골 최이관네 집에 있는 홍범도를 만나서 장래 간도에 가서 독립군운동을 진행할 의견을 말하고 왔소.

일본은행에서 친무하는 전홍섭과 상봉

당시 용정 일본은행에서는 조선사람 전홍섭이 일하였다. 나는 임국정과 같이 하루 밤에는 그의 집에 찾아갔다. 그러나 그의 심리를 자세히 알 수 없어 절반 위협삼아, 절반 상론(相論)삼아 그를 교제하게 되었다. 우리가 전홍섭을 믿는 것은 3·1운동 시위에서 죽은 동지들을 당시 용정에 있던 영국병원으로 가져갈 때에 전홍섭도 같이 가는 것을 보고서 우리는 내심으로 그를 동정하기를 민족적 애국심이 있다고 보았던 것이다.

과연 그는 애국자였고, 우리를 동정하였고 의견을 털어놓고서 말하게 되었다. 그는 말하기를 「조선 독립은 빈손으로 만세만 부르고 나서서는 아무런 목적도 달성(達)할 수 없으니 반드시 무장운동이 필요하고, 그 운동에는 금전이 요구되는 것이라고 말하였다. 그는 계속하여 말하기를 용정에 있는 은행(銀行)은 차츰 하되 내가 하루 건너씩 당번을 서는 것이니 내가 당번서는 날을 알아서 하게하고 우선 지금 일본(日本)에서 길회(吉會) 철로를 부설하려고 일화(日貨) 30만엔이 오니 그것부터 먼저 앗아내겠소.

내가 회령 가서 그 돈을 가지고 올 터인데 내 앞에 선 말에 돈을 싣고 올 터이니 그 말을 먼저 총으로 쏘고, 그 다음 나를 신 다리를 쏘아 상해에서 병원에 가서 치료하고 나온 후 은행까지 앗아 가지고 자기도 우리들과 같이 독립군으로 가겠다고 말하였소.

전홍섭은 계속하여서 말하기를, 돈을 가지고 올 때에 순사가 11명에 말이 11필, 순사들은 장총·단총·군도(軍刀)까지 무장(武裝)하고 오니 그리 알고서 미리 준비하시오.」하고 우리에게 부탁하였다.

그러나 우리는 전홍섭이 그다지 미덥지 않아서 말하기를 "우리는 홍범도군대를 풀어 가지고 오랑캐골 령에서 하자"고 거짓약속을 하고 다른 곳에서 하기로 하고서는 갈라졌다.

1919年 음 10月 15日이었다. 그리고 장날이었다. 처음에는 임국정·윤준희·최봉설(계립)·박웅세(박진)·한상호·김준 합 6인이 모여서 중국 마적-홍의적으로 변장하고서 "부채골" 어구에서 (객주집이 있는 데서 멀지 않은 곳) 기다리고 있는데 해

는 지고 날은 어슬어슬하나 달이 밝은 날이었다. 과연 말 11필이 나타났다. 보호 순사들은 마음 놓고서 천천히 나타났다. 우리는 미리 작정하였던 대로 한 사람이 두 놈씩 재작하였다. 그러나 전홍섭이 없었다(회령서 아니 오고 있다가 그 사건 후에 혐의자로 체포되었다).

　윤준희와 나는 돈이 있는 말을 하나씩 잡아타고 미리 예정하였던 산곡(山谷)으로 대여 들었다. 박웅세(박진)·김준은 집으로 가고, 임국정·한상호는 도보로 왔다. 나는 윤준희와 같이 말을 타고 가죽나무·자작나무가 자욱한 골짜기 산등에 가서 말을 매고 돈을 가방 안에서 꺼내어 그 가방 안에 있는 일본 여자들이 뒤에 지고 다니는 명주수건으로 갈라지게 하고, 한상호·윤준희·나까지 세 사람이 악조을 단 그 산을 내려가서, 해란강을 건너 평강을 들어섰소. 평강 벌판에서 용정서 투두거우로 가는 길에 들어섰다. 이 길로 한참 가다가 수풀이 길가에 자욱한 곳에서 세산봉이라는 산을 넘어 적안평에 당도하여 우로 보로흐강(이 강은 연길로 가는 큰 강)을 건너 몇 산골 배시터거우를 지나 와룡동 최봉설네 집에 왔다. 이때는 새벽닭이 우는 때인데 뒤로 돌아온 길이 왜놈을 죽이던 곳에서 70리는 되었다. 이때에 임국정은 말 두필을 가지고 서산 백두산이 있는 곳으로 보냈더니 집에 오지 아니하였소. 그래서 날이 채 밝기 전에 윤준희·한상호·나까지 3인은(한상호 우리 집에서 두 집을 지내었소) 내 동생 최봉준(30년 전에 죽었소)을 시켜 소 술기에다가 돈 짐을 싣고 떠나 대략 와룡동에서 40리 되는 산골 훈춘으로 가는 근방 이랑거우 下村에 와서 최봉준이는 집으로 돌려보냈다(그와 돈이라고 말을 아니 하여 동생과도 비밀로 지켰다).

　이랑거우 하촌(下村)에서 산으로 들어가면 외딴 집이 있는데 이 집에는 다만 두 부처간인 애국자 - 철혈광복단 단원의 집이 있었다. 그 집 근방에 가서 돈은 널로 만들어 가지고 갔던 2궤에다가 내어서 산간 풀 속에다가 파묻고 그 곳에 윤준희를 두어 지키게 하고 나는 한상호와 같이 집으로 돌아갔다. 그것은 임국정을 만나자는 것이었다.

그 날 초저녁에야 임국정을 만나서 밤으로 이랑거우로 가게 되었다.

뜻밖에 만난 김하석

이랑거우 산촌에 우리가 가니 곧만 김하석이 그 곳에 왔소. 어떻게 알고 김하석이 비밀산골에 왔소. 해삼(블라디보스토크) 있던 김하석 선생이여!

우리가 와룡동에서 있을 때 전홍섭이 임국정 조카(지금 연길병원 큰 의사)를 보내서 전하기를 "내가 내일 용정서 회령으로 가니, 그 다음 날에는 꼭 들어올 터이니 그리 알고 하시오" 한 사실이 있었다.

이날 밤에 정일무네 집에 김하석이 왔던 사실이 있소. 그 날 13일은 정일무 부친 회갑날이었소. 그래 우리 비밀 방에서 술을 먹으면서 김하석과 물었지요. 어째 해삼(블라디보스토크)서 왔소? 김하석은 대답하기를 "내가 용정에 있는 현시달을 보러왔소.(현시달은 당시 조선 놈인데 왜놈의 이름을 가지고 특무이고 영사에 큰 앞잡이 개인데) 내가 용정에 어제 왔다가 지금 용정서 오는 길이요." 무슨 상론이 있었소? "내가 간도에 독립일을 하자면 이런 큰 개놈들을 게야하오." 그래서 우리는 비밀이 그를 잘못 보고 이론하였소. 우리 일을 약속하여 주지 않았는가? 그런데 당시 내가 일본 놈들에게 큰 주목을 받고 있었지만, 하필 그 이튿날 밤에 최봉설이 집을 수색하게 되었소. 이 날은 18일 새벽이었소. 하고 많은 간도 농촌인데 하필 와룡동 최봉설 내 집에 왜놈순사 30명과 중국 육군 50여명이 포위하고 수색하여 우리 아버지 최문약과 삼촌 최변국을 포착하여 갔다. 어디서 그리 잘 알겠소?

그런데 동지가 묻는 대로 쓰겠소. 1919년 8월 초에 우리는 간도서 "맹호단(猛虎團)"이라는 것을 조직하고 간도에 있는 개들을 박멸한다는 선포문을 한 사실이 있고 개들 가운데 제일 큰 개 두 놈 안인종·조덕진을 밤중에 용정시에서 당시 문문약 3촌 변국, 임국정·윤준희·이호반·최봉설·박관해·박응세 기타 십여 명이 사로 잡아 가지고 훈춘 산속을 경유하여 러시아령(俄領) 블라디보스토크(海三)에까지 가지고 와서 김하석에게 맡긴 일이 있었소.

　당시 해삼(블라디보스토크)에 있는 김하석은 국민의회의 큰 장수인데 우리가 그를 줄 때에는 김하석이 그를 처벌할 줄 알았는데 준 이튿날부터 김하석은 그들과 같이 좋은 낯으로 동행하여 다니면서 그 때 그는 돈을 가지고 아마도 온 모양입니다. 그러다가 개들은 그 해 10월쯤 하여 다시 용정으로 갔습니다. 개들이 용정 영사에 가니 영사에서 너는 어디에 갔다가 왔느냐? 8월 초에 밤에 용정시가지에 나가니 별안간 단총을 빼들고, 우리의 눈을 싸매고, 몇 날인지 가고 보니 해삼(블라디보스토크)인데 어느 집에 가둬두었는데 10월에 해삼(블라디보스토크)에 호열자병에 죽는 바람에 우리를 수직하던 사람도 죽고 달아나는 그 기회에 도망해 왔습니다. 그런 대답을 하니 영사는 좋다. 그대로 특무로 일을 하여 왔다. 이것도 김하석이 계획인데 이들을 선두로 세우고 용정에 현시달은 제일 큰 순사다. 이런 개들과 서로 약속이 있었다.

돈을 가지고 해삼(블라디보스토크)으로 오던 사실

　돈을 가지고 어디로 가겠는가 하는 문제를 가지고 토론을 하는데, 나는 말하기를 홍범도가 지금 간도 하마탕에 와서 군대 본무를 두고 있는데 그 곳은 애국자들이 많은 곳이며, 이동휘·계봉우, 국민회 회장 구춘선이도 있던 곳이고, 나의 처가편도 4~5집이 있으니 그리 가서 홍범도군대에 돈을 맡기고, 한편으로 해삼(블라디보스토크)에 가서 무장을 사서 가져오며, 또는 전홍섭과 다시 연락을 달아서 은행에 있는 돈을 다 하여 보자고 하는데, 임국정은 이 돈을 가지고 해삼(블라디보스토크)으로 가자는 김하석 편이었고, 윤준희는 나이 많은 사람인데 해삼(블라디보스토크)에 가서 국민의회에서 벼슬을 할 일과, 그 곳 철혈광복단 서기가 될 일과 벼슬에 넘어가서 임국정이와 김하석의 편에 넘어갔소. 그래서 나와 한상호가 홍범도 있는 대로 가자고 토론에 의견 부동으로 분분히 토론하다가 우리가 소수가 되어서 해삼(블라디보스토크)으로 가게 되었소.

웅세(박웅세)·김준도 잃어버리고 그 이튿날 떠나서 산으로 훈춘(琿春) 황거우로, 전선촌 동쪽으로 러시아령(俄領) 상벌이를 넘어 보시예트 지방 목허우라는 부두에 왔지요. 밤낮없이 와서 2일 내에 중국과 러시아 국경을 넘었지요. 목허우에서 배에 앉아 해삼(블라디보스토크)을 오니 최이수가 전송왔소(마중왔음). 그래 해삼(블라디보스토크)까지 무사히 와서 윤준희는 조윤관 집에 쥐인하고, 최봉설은 채계복네 집에 쥐인하고, 국정(임국정)은 다른 집에 한상호도 다른 집에 있었소. 벌써 해삼(블라디보스토크) 일본신문에는 [『포조일보』] 간도십오만원사건이 게재되었는데 범인들이 길림 방면으로 갔거나 그렇지 않으면 블라디보스토크(海三)으로 갔다고 하였소. 몇 날이 아니 되어 김하석이 의견에 우리 일행이 한 집에 모여 있자고 하는데 그 이유는 우리가 회의를 늘상 할 터인데 한 곳에 있는 것이 좋다고 하였소. 그리고 자기가 집까지 정해놓았다고 하여서 한 곳에 김하석이 시키는 대로 모였소. 당시 나와 한상호는 나이 어리고 노령(러시아령)을 잘 모르는 때였소. 그 때 그 돈을 가지고 할 일은, 조선신문을 내고 사관학교를 설립하고, 무장을 사서 가지고 전쟁을 할 문제이요. 사관학교는 수청에 가서 장기영과 채영이가 하게 맡기고, 사관책자는 이용·이광 등이 출판하게 하고, 해삼(블라디보스토크) 신한촌에 백산학교 집을 샀소. 돈은 일본은행권 No, No들을 보고 알까하여 영국·미국 돈으로 바꾸게 하였소.

무장은 국정(임국정)이 사게 하였소. 국정(임국정)이 말하기를 블라디보스토크(海三)에는 엄인섭 같은 사람이 없소. 이전에 홍범도와 같이 조선 경흥에 의병으로 갔다 온 일도 있고, 그가 능히 무장을 살 수 있다고 하였소. 그때 나는 말하기를 남들이 모두 엄인섭이는 개라고 하는데 어찌 무장을 사러 같이 가오 한즉, 국정(임국정)이 말이 내가 이전에 우랄산 목재소에 갔다 올 때에 엄인섭과 자귀(결의)까지 맺었으니 아무 근심 마시오. 무장(武裝)을 사가지고 같이 자동차로 훈춘까지 갈 터이니 근심 마시오, 그래 남들이 좀 의심하는데 그는 엄인섭과 같이 동령으로 간다 하고 가서 3일만에야 초저녁에 왔소. 같이 갈 적에 엄인섭이 정주문으로 들어와서 정주에 앉아 이야기하는 것까지 나는 처음으로 면목을 보았지요. 그래 3일 만에 저녁에 국정(임국정)은 말하기를, 장총(長銃) 1,000병, 속사포·폭탄 등을 샀는데 그 무기고는 백파 무기고인데 자동차에 싣고 훈춘까지 가는데 장총(長銃) 한 자루에 탄환(彈丸) 1,000개씩 샀다고 하였소. 그래서 그 무기를 가지고 임국정·나·한상호가 가기로 작정하였소.

근만 그러자 김하석이 우리 있는데 찾아왔소. 그가 하는 말이 "당신네 단총과 폭탄을 주시오. 오늘 밤에 선포문을 일본 헌병대에 떨구러 가는데 거기로 가는 청년(靑年)들이 단총과 폭탄을 꼭 주어야 가겠다 하여 내가 왔는데 꼭 주어야 하겠소." 처음에는 나와 한상호한테 욕을 먹고 갔소. 그 다음에는 최이수를 데리고 왔소. 그래 먼저 임국정이 제 총을 내놓으면서 주자고 하오. 최봉설과 한상호도 주시오 하고 말하니, 김하석이가 말하기를 "여기는 별일 없소. 근심 마시오. 무슨 일이 없소. 왜놈들이 여기는 힘이 없는데 근심 마시오."하고 그것을 (무기) 모두 가져갔지요.

그 집에 돈도 있고, 재무는 윤준희, 그가 철혈광복단 서기였소, 철괴에 피로 쓴 것도 모두 그 집에 와서 있소.

나는 총을 주고 아무 근심 없다니 한상호를 데리고 지령감 집에서 오라니 가서 술도 마시고, 국수도 먹고 밤이 깊도록 놀다가 그 집에서 자라고 하는 것을 제 기숙사에 오니 밤은 아마 11시나 되었소.

우리 一行이 日兵 憲兵隊에 체포

우리는 주인집 가운데 방에서 자는데 정주에서 들어오면서 첫째로 시작하여 한상호·윤준희·임국정·나·나일(그는 그날 저녁에 찾아와서 자던 자요)이 있었소.

아마 밤 2시나 됨직 하오. 그 때 문밖에서 누가 문을 두드리오. 그 때까지 정주에서 주인부처는 자지 아니하고 있다가 그 누가 왔소? 하고 물으니, 일본 헌병대에서 왔으니 문을 벗기시오 하니 주인(主人)의 말이 정주문을 걸지 않았으니 정주로 들어오시오 하였다. 그 때 정주 곁에 유리 덧문을 두드리는데 조선말로 한다.

그러자 정주문으로 일본 시비리(시베리아) 출병 의복을 입은 군인들이 수가 없이 들어오면서 전기등을 손에 든 놈이 처음에 섰소. 정주문을 열어젖히고 들어선 헌병(憲兵)은 두 번째 방 우리 방으로 단총 부부리와 전기등이 일시(一時)에 들어왔다. 우리 방에도 전기불이 행하였소.

이때에 우리는 모두 큰 잠을 자는데, 나는 문을 두드리는 소리에 깜짝 놀라서 첫 끝에 누운 한상호·윤준희·임국정이 깨우고 제 자리에 오니 벌써 전등과 단총 부부리 들어와서 사람 하나에 세 놈씩 한 놈은 총을 빼어들고, 둘이 살바를 가지고 동지기로 시작하였소. 총은 윤준희에게만 있는데 자던 가리에 정신을 잃은 모양인데 그 총을 쓰지 못하고 동지우기로 시작한다. 나한테도 그 모양으로 세 놈이 대드는데 그 중에는 조선놈도 한 놈 있는 모양이었다. 나는 할 수 없이 혼자라도 최후 힘을 써야 하겠다고 결심하였다. 왜놈들은 벌써 거저 먹었다고 쉬운 마음을 가졌다.

내게 접어드는 놈을 단장에 주먹으로 모숭머리를 치고, 서구 있는 놈은 발길로 불삼을 차고, 문에 서고 있는 놈은 머리로 골받이를 하여 네 놈을 던져 놓고, 방문을 열고 복도방으로 나가 출입구를 하나 열고 다음 것을 여는 때에 방에 있던 왜놈들이 소리치면서 모두 나와서 내 몸에 달렸다. 벤자개 팔 쥔 놈, 등을 쥔 놈,

목을 쥔 놈, 일시에 몸을 쭉 빼면서 문을 여니 그 놈들이 모두 자빠져 구들에 던져졌다. 문을 열고 밖에 나서니 밖에는 총을 집고 어떻게 잡아가지고 나오는가 하여 무심히 총을 쥔 놈을 보니 그 놈 선 데는 낮소. 그래서 뛰면서 그 놈 가슴팍을 차니 그 놈도 강판에 자빠졌소. 마당에는 헌병들이 많이 있고 20보나 되는 길가에는 그 자동차와 마도치크가 여럿이 서고 있다.

밖에 나가니 북쪽에 널 울타리를 한 것을 보고 첫 울타리를 뛰어 넘는데 사격이 시작되었다. 거기서 이 집 울타리, 저 집 울타리, 수다한 울타리를 넘어뛰어 마지막 울타리를 뛰어 넘으니 오른쪽 어깨 푸파이까에서 소음에 불이 달렸다. 눈에 번듯하게 누워 불을 끄고 나니 오른팔이 총에 맞은 것을 알고 쓰지 못하게 되었다. 그 다음에는 해삼(블라디보스토크)바다로 얼음 강판을 걸어서 마아산 섬을 향하여 달아나기 시작하였다.

몸에는 내복에 푸파이까만 입고, (누르끄레한 빛) 두 발은 벗었소. 왜놈을 개보다 더 못 여기던 마음은 더욱 기색을 한층 더하였소. 이 전에 도보경주 모양으로 달리는데 왼팔로 오른팔을 쥐고 달아났소. 얼마나 얼음 강판을 건너갔던지 바닷물은 중간이 얼지 아니한 "용가름"을 만났다. 달도 없이 깜깜한 밤중에 바닷물이 흐르는 그 곁에 강판에 홀로 앉았다.

이제는 어쩌겠소? 누구와 의논하겠소? 어디로 가겠소? 이렇게 한초 동안 생각하는 중에 북풍은 시베리아 찬바람을 쏘아오는데 발을 벗고, 내복만 입은 사람인 내가 어찌 살겠소? 심장의 고동은 점점 더 합니다. 다시 생각하고 대칭거우재 Вторая речка(프타라야 레치카) 바다역 바위 밑으로 달아나서 또 앉아 생각합니다. 바닷물 역에서 여기가 아마 8리쯤은 되고, 찬바람은 점점 불어오고, 몸은 핏못이고, 한 팔은 드리우고, 발은 얼어들어오는데 이제는 얼어 죽을 모양이요. 어디로 가겠소? 닭은 웁니다.

내가 앉아있는 바위돌 위에는 군사간도 있고 사사집도 있어 닭소리가 납니다. 나는 다시 신한촌 내 주인집 내가 사랑하는 채계복을 찾아가야 살 것을 생각하고 최후 용기를 내어 달렸습니다. 더운 피가 도는데서 번개같이 신한촌 학교집 앞에 돌바위 좀 높은데 와 엎드려 보니 곧 그 울니채(거리)가 우리가 일을 치렀던 곳이요. 아무 흔적이 없으니 첫째 집 우리 친구들 있던 집이기로 그 집 울타리를 넘어 들어가니 7~8명 아는 친구들이 있었는데 불을 켜고 나의 몸에 피가 묻은 것과 또는 내 단축한 말을 듣고 모두 자기들이 살겠다고 도망하였소. 그 때 내 생각이 어떠하였겠소?

다시 정신을 차리어 채계복네 집을 찾아가서 문을 두드리었소. 복도 첫 간에는 이혜근이라는 처녀 의사가 있었는데 그는 애국 여자이고, 당시 신한촌 애국부인회(愛國婦人會) 회장이었소. 그는 내 음성을 듣고 두루시만 입고 문을 열어주었소. 그 집에 들어가서 상에 척 앉고 나니, 사람이겠소, 귀신이겠소, 도깨비겠소, 이혜근이야 병원에서 죽은 사람들에게 연습된 여자니 그랬지 다른 여자라면 실력하여 먼저 넘어졌을 것입니다. 그러자 곁방에서 채계복이, 채성화, 그 어머니가 나와서 채계복은 울었소.

이혜근은 내 오른팔에 탄환이 박혀 마감 가죽까지 나와 박힌 것을 빼어내어 놓고서 말하기를 나는 이 철을 영원히 보존하여 두었다가 조선이 독립된 후에 기념하겠다고 하였소.

그 나머지 어깨에 세 곳이나 조금씩 맞은 곳이 있으나 그것은 관계치 아니하였소. 전체 온 몸이 모두 얼었소. 눈과 입만 내놓고 모두 얼었소. 온 몸은 통세 나기 시작하였소.

채계복은 자기 오빠의 양복과 신발, 외투를 가져다가 나를 입혀 데리고 새벽에 날이 밝기 전에 떠났소. 그 때 그 오빠는 그 집 아래 첫 집에서 상점을 보았소. 오빠 이름은 채창도였소. 그 상점 뒷간에서 내가 치료하게 되는데 상점 두어칸을 막고 도배를 하고 채계복만 뒷문으로 통하고 상점은 거리 문에서 출입하게 하고 그 방은 뒷 울타리 안에 들어와 뒷문으로 출입하는데 나 누운 방에는 다만 채계복만 있었소. 당시 채계복이 나에게 대한 열정, 애국심, 조선독립을 위하여 헌신하던 그 진정은 내 일생에 잊을 수 없소.

날이 밝자, 채계복은 우리가 유(留)하다가 봉변을 당하던 그 집에 갔다 와서 말하기를 그 주인집 여자 말이 모두 잡히어가고, 한 사람이 도망할 시에 어찌 왜놈을 쳤던지 한 놈은 로숭이 부러지고, 밖에 있던 놈들까지 모두 5놈이 맞아 상해서 피뭉이 된 것을 자동차로 실어갔다고 하였소.

나는 일신이 부려져 한 달이니, 발을 동이고 손을 동이고, 대강이를 동이고, 모두 두루뭉실이 되었소. 채계복은 매일 아침이면 내 몸을 고쳐 동여 주었소. 그 때 소위 여러 친구라던 자들은 모두 농촌으로 달아나고 말았소. 마지막으로 김하석이나 최이수는 구경도 못하였소. 우리 총과 폭탄들은 그가 예영가지고 그 때에 피하였다.

그 후 3일 만에 창도(채창도) 상점방에 엄인섭이란 놈이 왜놈 신문을 가지고 와서 말하기를 이 신문에 쓰기를, 최봉설이란 사람이 달아났는데 그가 총에 맞아 죽었으나, 그렇지 않으면 얼어 죽었을 것이다. 대일본헌병이 이런 사람 하나 잃은 것은 큰 수치라 하여 봉설이(최봉설)를 잡거나 죽이거나 하는 사람에게 일화 만엔으로 상금을 준다고 하였소. 나는 그 방에서 21일 동안 채계복의 구원을 받고 있었소. 유익정이 찾아와서 이곳에 오래 있으면 다시 붙들릴 위험이 있으니 떠나자고 해서 수청 석탄(광)풍에 가서 상처를 더 치료하였소. 그 후에 왜놈들이 채계복을 붙들자고 하여 채계복·우봉운·이이순 등이 도망하여 중국 요하현(饒河縣) 등지에 가서 교사질 하였소. 그 후 자기 약혼하였던 남자 장기욱을 찾아서 조선 서울 가서 살다가 남편 장기욱은 조선 조국전쟁 시에 사망하고 그 아들 장경무와

식구는 지금 평양에 있는데 채계복은 병이 나서 국가에서 구휼금을 타서 생활하며 평양에 있다고 하오.

동지들에게 사형판결

그날 밤에 일본놈들에게 잡힌 임국정·윤준희·한상호·나일은 일본군함에 실려 일본 횡빈(요코하마)에 갔다가 동경(도쿄)에 도착되었소. 동경에서 그들을 조선으로 이송시켜 부산·서울을 경유하여 청진(淸津)감옥에 와서 판결을 받게 되었소.

1920년 청진재판에서 임국정·윤준희·한상호 3명은 각 15년 감금, 전홍섭은 10년 감금, 나일은 무죄방송, 최봉설 나는 결석판결 사형을 받았소. 나한테 사형 선고의 원인은 내가 왜놈들이 가지고 오던 돈을 빼앗을 때에 단총 2개를 가지고 제자리에서 왜놈을 죽였다는 것이다. 그러고도 해삼(블라디보스토크)에서 또 5명을 쳐서 뉘이고 달아났다는 것이다. 그 후에 나는 최계립이라고 이름을 고치게 되었소.

당시 임국정 모친 뻬뻬는 예수교 전도사였소. 영국놈 예수교 목사들이 "서울 올라가면 몇 해 안되는 판결을 받을 것이니 불복하라고 권고하여서 불복(不服)하고 서울로 가게 되었다. 그래서 영국(英國) 예수교 목사들 권고대로 불복한 결과는 서울 가서; 임국정·윤준희·한상호·최봉설은 사형(死刑), 전홍섭은 15년 감금이라는 판결을 받았다. 그 때나 지금이나 영국·미국(英國·美國) 예수교 목사 놈들은 이렇게 조선 혁명자들을 음흉하게 학살하였다. 청진재판에서는 간도조선인 각 사회계에서 수다한 금전을 거둬서 변호사를 내서 얻었던 결과이다. 그러나 영국 예수교 목사놈들은 그것을 무효로 하고 음흉한 계획으로 사형을 받게 하였다. 전홍섭은 그 후 폐병으로 가출옥되어 소련으로 망명하였다. 사형을 당한 시체도 간신히 그 친척들이 찾아서 서울에서 장사하였다. 끝.

이상은 1957年에 받은 자료.

1958년 6월 15일에 ст.Берказан‖ Кызылорда(베르카잔 역, 크즐오르다)주에서 보낸 첨부자료.

왜놈들을 죽이고, 돈을 가지고 이랑거우 하촌에서 적은 골로 들어가면 부처간이 사는 집을 미리 약속하였는데 김하석이 어디서 알았는지 17일 밤에 그 집에 왔다. 야! 요행 찾아왔다! 하였다. 이 사실이 모두 지도를 철혈광복단에서 한 일입니다. 그 단원들입니다. 이때에 김하석은 애국자라고 칭하는 때이다.

블라디보스토크(海三)에 당도하기를 음력으로 11월 2일에 당도하였소. 왜놈들이 신한촌에서 우리를 포착 시는 음력 섣날 밤입니다. 그때 지상호 부친 지용수 노인이 나를 오라고 하여 한상호를 데리고 설 쇠러 갔던 일이 그냥 생각납니다. 우리가 있던 집 신한촌에 독립문을 세웠던 골목 Хабаровская улица(하바롭스카야 거리)인데 서편줄의 집인데 아마도 No.10을 넘지 않게 들어와 있는데 부부(父妻間)가 살고 주인성이 임(林)이라는 것이 생각나오. 나일(羅一)은 간도 와룡동(間島臥龍洞) 사람인데 청진에서는 무죄방송되었지만 그 후 간도에서 다시 왜놈들에게 포착되어 놈들이 그의 목을 떼어 전봇대에 달았소.

돈은 15만원인데 그 중에서 일만오천엔이나 쓴 모양이요. 사관학교 교과서를 출판하는데 백산학교를 샀던 것은 1923년 봄에 블라디보스토크가 해방된 후에 내가 팔아서 가지고, 단총을 사가지고 "적기단(赤旗團)"을 조직하여 가지고 다시 만주에 나갔는데 1926년까지 3년 동안 사업하였지요.

3. 중령에서 진행된 조선해방운동(1907년~1919년 3·1운동 전후 나재거우 사관학교, 최계립

나재거우 사관학교는 이동휘 주최로 철혈광복단(鐵血光復團) 단원(團員) 70여 명이 공부(工夫)하였는데 전일(全一)이 큰 힘을 내였고, 그때 학생(學生)들 내가 기억

되는 것은 1) 최계립, 2) 최상종, 3) 최관평, 4) 주룡술, 5) 주건, 6) 주진술, 7) 강상모, 8) 강우홍, 9) 여봉갑, 10) 정일무, 11) 임명극, 12) 맹훈, 13) 안영진, 14) 윤동선, 15) 이낙준, 16) 채창헌, 17) 임국정, 18) 이광, 19) 조훈, 20) 이재형, 21) 원일상, 22) 정성규, 23) 최호극, 24) 김기선, 25) 기타이다.

당시 조직지도자 1) 이동휘, 2) 이종호, 3) 장기영, 4) 지건, 5) 전일 등이고 지방 열성자는 최정국·염재권·전천모·전이근 등이었다.

교사 가운데서 김승천이란 자는 일본 육군사관 기병과를 필한 자로 총독부에서 정탐으로 보내었다. 전일이가 그를 국자가에서 만나 보내면서 이놈한테서 잘 배우고서 그 후에 죽이라고 하여서 그대로 하였고, 조훈이도 당시 일탐으로 인정하고 죽이자고 했더니 도망하여서 이르쿠츠크에 갔다가 남만춘과 같이 이르쿠츠크파가 되었다.

사관학교 경비는 이종호가 담당하기로 하였는데, 어떤 놈이 이종호를 이간하기를 이종호를 죽이러 온다고 하니 그는 도망하였다. 그 후에 학교는 문을 닫고, 학생 36명은 우랄산 목재소에 갔다가 1917년 2월혁명 후에 A.Π.김(김 알렉산드라 페트로브나 스탄케비치) 활동으로 고역에서 해방되었다. 기타 학생들은 당시 각 학교에서 체조교사가 되었다. 당시 이동휘는 왕청 하마탕에 있었는데 1916년에 왜병들이 수색하는데 달아나고 계봉우만 체포되었고 그들 집은 불에 탔다. 계봉우는 강화도에서 3년간 정배살이를 하였다. 1920년에 계봉우는 상해에 가서 "한인공산당" 당원이 되었다. 끝.

제2장
무기武器

무기武器

독립군의 무기

독립군의 무기는 주로 러시아지역에서 조달하거나 구입한 것으로, 러시아제, 미국제 뿐만 아니라 일본제, 독일제, 벨기에제 무기도 포함되었다. 그리고 체코군에게서 구입한 무기도 다수 있었으며, 일본군과의 전투에서 노획한 무기도 있었다.

독립군이 구입하여 사용한 무기의 종류는 소총, 권총, 장총, 기관총, 수류탄, 대포로 구분할 수 있다.

일반 군총으로는 미국에서 생산한 러시아 5연발총과 단발총이 주종을 이루었으며 미국제나 독일제 혹은 일본제 30식 또는 38식 보병총이 섞여 있었다. 권총류는 루거 권총(p-08, 독일제), 마우저 권총(일본명 모젤 M-1898, 독일제), 브라우닝 권총(벨기에제), 콜트식 권총(미국제), 일본제인 남부식(南部式) 권총 등이 있었다. 중무기는 기관총, 대포 그리고 수류탄 등을 보유하고 있었다.

〈표 1〉 독립군이 조달하여 사용한 무기 일람표

분류	제조	명칭
소총	러시아제	Mosin-Nagant M1891(모신나강)
		Mosin-Nagant M1891(모신나강-카빈)
	일본제	30식 소총(1897년 제조)
		38식 소총(1905년 제조)
	독일제	Mauser Gew71/84
권총	독일제	마우저(Mauser)
	벨기에제	브라우닝(Browning)
		나간트(Nagant)
	일본제	남부식(Nambu) 대형
		남부식(Nambu) 소형
	독일제	루거(Luger) P08
장총	오스트리아제	슈타이어(Steyr) M95
기관총	러시아제	PM1910(맥심)
수류탄	영국제/프랑스제	밀즈(Mills), F-1 수류탄
대포	프랑스제	※ 야포

소총류

① 러시아제 소총 : Mosin-Nagant M1891(모신나강)

독립군이 사용한 러시아제 소총은 모신-나칸트(Mosin-Nagant)라는 이름의 M1891 5연발총이다. 러시아 공학자이자 툴라 무기공장의 책임자였던 모신(Mosin)이 벨기에 출신 나강(Nagant) 형제의 탄창 설계를 덧붙여 만들었다고 하여 모신나강(Mosin-Nagant)으로 불리우게 되었다. 러시아의 공식적인 제식 명칭은 'Русская 3-линейная(7,62-мм) винтовка образца 1891 года'로서, 우리말로 풀면 '러시아 7.62mm 소총 1891년형 모델'이라고 할 수 있다. 제1차 세계대전 당시 러시아군의 주력보병소총으로 쓰였는데, 1910년에 총신을 짧게 한 기병용 카빈도 제식화 되었는데, 항일독립군 기병에게는 이 카빈이 제격이었을 것으

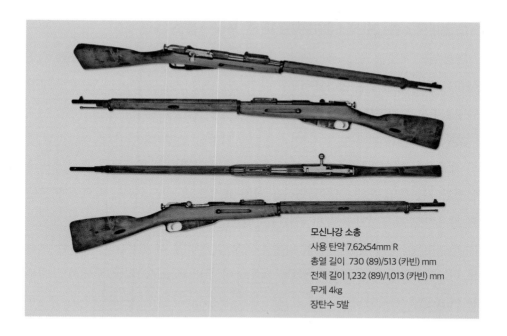

모신나강 소총
사용 탄약 7.62x54mm R
총열 길이 730 (89)/513 (카빈) mm
전체 길이 1,232 (89)/1,013 (카빈) mm
무게 4kg
장탄수 5발

로 짐작된다. 이 소총은 러시아혁명 이후 자재의 조달이 어려워지면서 미국에 의
뢰하여 생산한 다음 러시아가 다시 구입하기도 하였다. 항일독립군부대가 사용한
모신나강이 주로 미국제였던 이유이다.

모신나강 소총은 단순하고 효율적인 구조로 제작되어 그 가격이 싼 데다 러시
아 적백내전 과정에서 흘러나온 것들이 많아 독립군단체들이 상대적으로 수월
하게 접근하여 확보할 수 있었던 무기로 추정된다. 당시로서는 획기적인 볼트액션
(bolt action) 장전식이었는데, 이것은 총을 쏜 이후 총신 뒤의 손으로 볼트를 후
퇴시키며 탄피를 빼내고 다시 손으로 밀어넣어서 장전하는 방식을 말한다.

모신나강은 항일독립군의 소총으로 알려져있지만 한국전쟁 시기 북한군과 중
국군의 소총 무기로도 쓰였다. 전쟁시기를 다룬 영화나 소설을 보면 따꿍 소리가 났
다거나 '따꿍총'이라는 표현이 흔히 등장하는데 바로 이것이 모신나강 소총이다.

② 일본제 소총 : 30식 소총(1897년 제조), 38식 소총(1905년 제조)

독립군이 사용한 일본제 소총은 명치 30년식 소총과 명치 38년식 소총이다. 아리사카 중장이 만들었다고 하여 '아리사카 소총'으로 부르기도 한다. 소구경 연발소총으로 보병총과 기병들이 사용하는 기총(騎銃)도 있다.

30년식 소총은 마우저 등 유럽 소총들을 모방하여 제작되어 주로 러일전쟁 당시 사용되었다. 탄피 배출이 잘 안되거나 구조가 복잡해서 병사들이 분해 조립을 어려워하는 등의 단점이 있어 35식을 거쳐 38식으로 개조되었고, 비로소 일본군이 사용하는 대표적인 소총이 되었다. 고종의 강제 퇴위와 군대해산 등을 계기로 1907~1910년 사이 발생한 항일 의병봉기 등을 진압할 때 일본군이 사용한 소총도 이 38식 소총이다. 청산리전투를 비롯하여 우리 독립군과의 전투에서도 대부분 이 소총을 사용했다.

③ 독일제 소총 : Mauser Gew71/84

독일의 마우저(Mauser)가 설계하여 독일 육군의 제식 소총으로 채택된 소총이다. M1871/84라는 명칭으로도 불리운다. 탄환 한발씩 직접 약실에 넣고 쏘는 11밀리 단발식이다. 그 당시로서는 튼튼하고 성능이 우수하여 중국, 일본 등에서도 수입하여 사용하였다. 구한말에 대한제국 군대가 러시아제 소총으로 무장한 상태에서 러시아에 군사적으로 종속되는 것을 막아보겠다고 다시 독일로부터도 총기를 수입한 적이 있는데 이 소총이 바로 M1871이다.

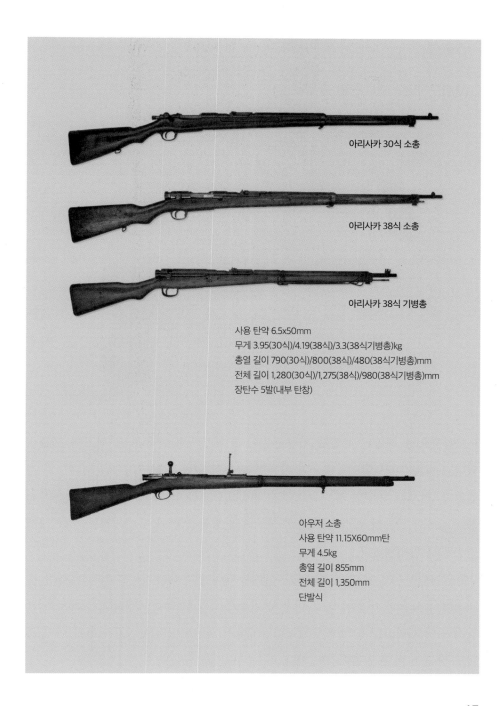

아리사카 30식 소총

아리사카 38식 소총

아리사카 38식 기병총

사용 탄약 6.5x50mm
무게 3.95(30식)/4.19(38식)/3.3(38식기병총)kg
총열 길이 790(30식)/800(38식)/480(38식기병총)mm
전체 길이 1,280(30식)/1,275(38식)/980(38식기병총)mm
장탄수 5발(내부 탄창)

아우저 소총
사용 탄약 11.15X60mm탄
무게 4.5kg
총열 길이 855mm
전체 길이 1,350mm
단발식

권총류

① 마우저(Mauser) 권총: 홍범도

마우저 C96
사용탄 7.63×25mm 브라우닝
중량 1.13Kg
총열 길이 140mm
전체 길이 312mm
장탄수 10발(내장형 탄창)

마우저1914
사용탄 7.65×17mm
중량 600g
총열 길이 87mm
전체 길이 153mm
장탄수 8발(박스탄창)

　　호신용으로 개발된 독일제 자동권총이다. 1870~80년대 독일 최고의 제품이었다. 1910년 이후 항일독립군이 사용한 마우저 권총은 M1910이나 M1914로 추정된다. 전자는 9연발, 후자는 8연발 권총으로 M1910의 개량형이었다. 마우저(Mauser)의 일본어 표기 '모제루(モーゼル)'의 영향을 받아 우리에게는 흔히 '모젤 권총'으로 알려져있다.

　　항일독립운동을 소재로 한 영화 <암살>에서 안옥윤(전지현 분)이 결혼식장 총격전에서 사용한 권총이 바로 마우저 권총으로서 M1914 모델이다. 실제로 일제강점기 당시 의열단 등 항일무장독립단체에서 사용되었다. 봉오동전투를 이끈 홍범도 장군이 차던 권총이기도 하다.

② 브라우닝(Browning) 권총: 안중근

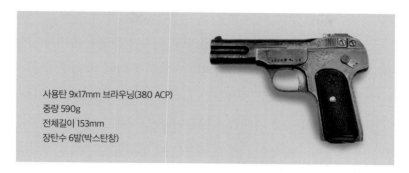

사용탄 9x17mm 브라우닝(380 ACP)
중량 590g
전체길이 153mm
장탄수 6발(박스탄창)

유럽 지역 권총의 대명사로서 벨기에에서 제조된 권총이다. 존 브라우닝(John M. Browning)이 설계하고 FN사가 생산하였다. 일반적으로 브라우닝 No.1이나 브라우닝 M1900으로 알려져 있다. 러시아에 수출된 것은 FN 브라우닝 M1903 이었는데, 주로 장교용으로 사용되었다. 특히 이 권총은 총상(銃床 총대-필자주)과 함께 지급되어 단총으로도 사용할 수 있었다.

1909년 10월 26일, 하얼빈역에서 안중근 의사가 이토 히로부미(伊藤博文)를 저격한 권총이 브라우닝 M1900이다. 이때 안중근 의사는 2정의 브라우닝 M1900 과 1정의 스미스&웨슨 리볼버를 준비했는데 가장 먼저 사용한 브라우닝 M1900 1정 만으로 거사를 달성했다.

③ 나간트(Nagant) 권총

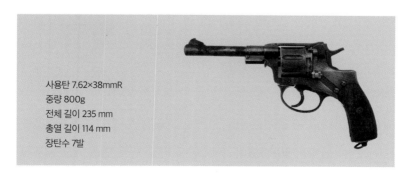

사용탄 7.62×38mmR
중량 800g
전체 길이 235 mm
총열 길이 114 mm
장탄수 7발

벨기에 나강 형제가 만든 리볼버 권총으로서 나강 M1895로 불리운다. '리볼버(Revolver)' 권총이라는 것은 특정 권총의 모델명이 아니라 여러개의 약실을 회전시켜 바꾸면서 총탄을 발사하는 방식으로 연발 사격이 가능한 총기를 말한다.

나강 M1895 권총의 생산은 벨기에이지만, 러일전쟁 이후 1950년대에 이르기까지 러시아에서도 제식권총으로 사용하였다. 그 이유는 나강 형제가 러시아제 제식소총인 모신나강의 설계에 관여했기 때문이다. 그러므로 만주지역 항일독립군이 러시아지역 등에서 구입하여 사용한 권총도 이 종류였을 것으로 보인다.

④ 남부식(Nambu) 권총

남부식 대형권총
사용탄 8×22mm 남부급탄
중량 900g
전체 길이 230mm
총열 길이 117mm
장탄수 8발

남부식 소형권총
사용탄 7x19mm
중량: 650g
전체 길이 173mm
총열 길이 85mm
장탄수 7발

일본에서 1902~4년 경 완성되었다. 루가식 권총을 모델로 동경포병공창에서 난부 키지로(南部麒次郎)가 개발하였다. 1902년에 가장 먼저 만들어진 남부식 대형권총과 그것을 축소한 남부식 소형권총이 있는데, 2차세계대전까지 사용되었다.

남부식 대형과 소형권총은 비싼데다 성능까지 좋지 않았고 일본군의 제식으로도 채용되지 않았다. 그러다 1925년(대정 14년)에 남부14년식 권총이 등장하여 본격적으로 제식 채용되기에 이른다.

⑤ 루거(Luger) P08 권총

사용탄 7.65x22mm
중량: 871g
전체 길이 222mm
총열 길이 98mm
장탄수 8발

독일제 자동권총이다. 게오르크 루거(Georg Luger)가 1898년에 설계하고 독일 DWM사에서 생산하였다. 독일 해군과 육군이 각각 1904년과 1908년 제식으로 채용했고, 그중 육군의 채용년도를 차용하여 P08이 되었다.

독일군에 납품된 P08은 제1차 대전 당시에 참호전에 적합한 무기로 유명해지면서 갑자기 명성을 떨쳤다. 참호전이 일상화되자 보병들이 적진까지 들고 뛰어간 소총들은 검이나 몽둥이 용도밖에 되지 않았다. 바로 그때 속사가 가능한 권총이 좁은 곳에서 적과 근접하였을 때 사용하기 편리한 무기로 등장하였다. 막연히 고급 장교용 무기로 생각하던 P08이 이처럼 최전선의 사병들도 애용하게 되었던 것이다.

장총류 : 슈타이어(Steyr) M95 장총

Mannlicher1890 장총의 개량형으로서 오스트리아의 엔지니어 페르디난트 만리허(Ferdinand Mannlicher)가 총기제작사인 슈타이어(Steyr)와 합작하여 제작한 장총이다.

오스트리아-헝가리 보병들에게 제식소총으로 지급되었는데, 당시 오스트리아·헝가리의 일원으로서 러시아군과 싸우기 위하여 연해주지방에 와 있던 체코군 병사들이 항일독립군에 판매하면서 독립군단체에 유입되었다. 제1차 세계대전이 패배로 끝나면서 오스트리아·헝가리 제국이 해체되자 체코군 병사들이 쓸모없어진 무기들을 만주지역의 항일독립군 단체에 판매한 것이다.

기관총류 : 러시아제 PM1910

수냉식 냉각방식을 채택한 러시아제 M1910 맥심 기관총으로 추정된다. 제1, 2차 세계대전 기간에 러시아 육군이 주력으로 사용한 중(重)기관총으로서 기본적으로 기관총 1정 당 4명의 운영인원이 필요하였다.

이 기관총은 1910년 영국의 발명가 하이람 스티븐 맥심(Hiram Stevens Maxim)이 개발한 맥심 기관총을 러사아로 들여와 러시아의 추운 기후나 환경에 맞게 구조를 변경하거나 무게를 줄여 사용한 것이다. 당시 러시아 육군의 제식 소총탄 7.62x54mmR를 사용할 수 있도록 약실을 개조하거나 눈이 많은 특성상 물 주입구를 크게 하는 등으로 변경하여 활용성을 높였고, 기존 맥심 기관총의 구리 부품을 철로 바꾸는 등의 교체로 무게도 줄였다.

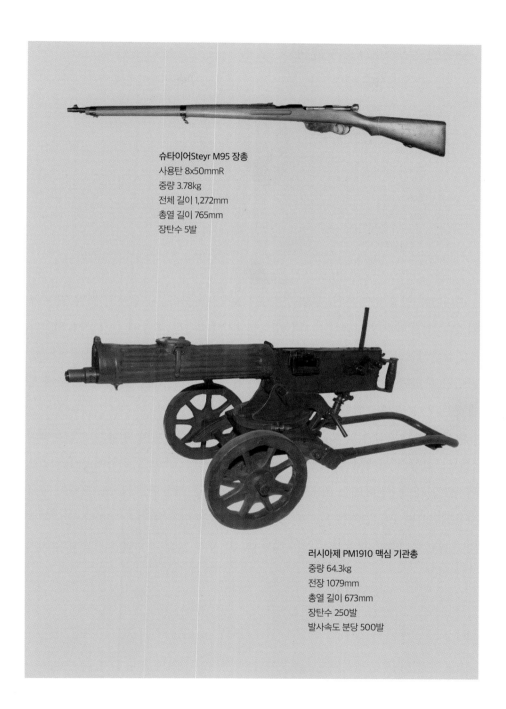

슈타이어Steyr M95 장총
사용탄 8x50mmR
중량 3.78kg
전체 길이 1,272mm
총열 길이 765mm
장탄수 5발

러시아제 PM1910 맥심 기관총
중량 64.3kg
전장 1079mm
총열 길이 673mm
장탄수 250발
발사속도 분당 500발

수류탄 : 밀즈(Mills) 수류탄

밀즈수류탄 No.5
길이 95.2mm
직경 61mm
중량 77.3g
점화시간 7초(후기형은 4초)
유효살상범위 10m

　1915년에 영국 버밍험 소재 윌리엄 밀즈(William Mills) 공장에서 개발 및 제조되었다. 최초의 지연신관식 수류탄으로서 1차세계대전 후반에 주로 사용되었다. 지연신관식이란 안전핀과 안전손잡이라는 이중 안전장치를 갖고 있으며, 안전손잡이가 풀리면 해머가 신관을 때리고, 이때 지연신관이 작동하여 4-5초 후에 폭발하는 현대 방식을 말한다.

　이전까지 사용되던 충격신관 수류탄이나 급조형 수류탄에 비해서 안전문제나 신뢰성, 살상력 등에서 우수했기 때문에 이후 꾸준한 개량을 거치며 사용되었는데 제1차 세계대전때에는 최초 개발된 No.5 모델과 개량형인 No.23 모델이 주로 사용되었으며 1917년에는 No.36 모델이 개발되어 이후 주력이 되었다. 만주지역의 독립군부대들도 영국제 밀즈 수류탄을 2,000개 정도 보유했던 것으로 알려지고 있다.[18]

독립군의 무장력

이들 무기들은 3·1운동 이후 독립군부대가 축적한 무장력의 기본을 이루는 주요 무기들로서 봉오동전투와 청산리전투에서 사용되었다.

청산리전투에서의 사용은, 전투 직전 시기인 1920년 8월 시점에서 간도지방 독립군부대의 무장 상황을 정탐하여 작성된 일제 보고서들[19]을 통해서도 확인된다.

8월 9일자 보고서에 따르면, 대한군정서의 경우 "소총은 러시아 식이 과반을 점하고 일본 군총 30년식을 가하여 그 수는 약 6백 정이며 또 소총 1정에 탄환은 평균 3백 발로서 수류탄이 5상자 있다"라고 명기하고 있다.

8월 12일자 보고서에는, 총기류의 경우, 대한군정서는 기관총 3정, 연발총 300 정, 38식총 11정, 구식총 15정, 남부식 권총 8정, 7연발 권총 25정을 확보하고 있다고 나와 있으며, 대한국민회는 연발총 700정, 루카식 권총 30정, 남부식 권총 10정, 칠연발 권총 50정, 독군부는 기관총 2정, 연발총 3백 55정, 38식 총 13정, 30년식 총 28정, 구식총 4정, 남부식 권총 5정, 7연발식 권총 7정, 루카식 권총 6정 등을 확보하고 있다고 나와있다. 구식총으로 명기된 무기는 사냥총 등 화승총 류로 짐작된다.

1921년 6월 백두산 인근 장백현지역에 있는 광복단, 흥업단, 대한독립군비총단 등도 무기를 다수 소장하고 있었는데 다음 표와 같다. 소총은 러시아식 5연발, 권총은 자동 7연발이다(朝鮮人騷擾事件關係書類 共7冊 其2, 문서제목: 國外情報-중국 장백현 내 不逞鮮人團)

<표 2> 장백현 내 불령선인단 조사표

단체명	분치기관	근거지	단원과 무기		임원			적요
					직명	성명	원적	
광복단 (근거지는 북간도라 한다)	제1구분단	八道 溝佳 財水里	통신원 모험대(군자금모집) 소총 소총 탄약 권총 권총 탄약 군도	25 36 32 2,500 25 2,000 4	분단장	임석우(林錫祐)	불명	전 태극단장
					총무	박대성(朴大成)	불명	전 태극단서기
					재무	조낙범(趙洛範)	불명	전 태극단참모
					서기	이병호(李秉浩)	불명	전 태극단참모
					비서부장	박인근(朴寅根)	불명	전 태극단총무
	제2구분단	十七道 溝 達鷄德里	통신원 모험대(군자금모집) 소총 소총 탄약 권총 권총 탄약 군도	19 24 5 1,000 20 1,500 1	분단장	김석태(金錫泰)	불명	전 광복단지단장
					총무	김동준(金東俊)	불명	전 광복단지부장
					재무	이종걸(李鍾屹)	불명	전 광복단 총무
					서기	조성극(趙成極)	불명	전 광복단 伍長
					비서부장	이봉걸(李奉杰)	불명	전 광복단지단장
	제3구분단	十二道 溝 振陽關里 西陽洞	통신원 모험대(군자금모집) 소총 소총 탄약 권총 권총 탄약 군도	15 36 20 2,000 25 3,000 3	분단장	한철규(韓鐵奎)	불명	전 광복단 총무
					총무	김정방(金正芳)	불명	
					서기	이성봉(李成鳳)	불명	
					비서부장	장원(張元)	불명	전 광복단시찰부장
흥업단 (근거지 撫松縣)	지단	十六道 溝 達西谷里	통신원 경호원 소총 권총 탄약	20 20 30 20 불명	지단장	김창일(金昌一)	咸南端川	
					고문	서관일(徐寬一)	불명	
					총무	강계동(姜啓東)	咸南利元	전 대진단지부장
					문서검사	김준(金俊)	咸南北靑	전 대진단 서기
					재무	조진옥(趙晉玉)	咸南咸興	전 대진단 서기
					서기	조래칠(趙來七)	불명	
					경호부장	강석주(姜錫周)	咸南北靑	
					통신검사	황남칠(黃南七)	불명	
	제1지부	十八道 溝 明川德里	통신원 경호원 소총 소총탄약 권총 권총포약	25 30 20 2,500 15 1,000	지부장	김명모(金明冒)	불명	
					고문	장일협(張日脇)	咸南北靑	
					총무	이우식(李禹植)	불명	
					재무	양병욱(楊秉郁)	불명	
					문서검사	황윤인(黃允釼)	咸南利元	
					경호부장	설관준(薛寬俊)	咸南端川 水下面 農上洞	별명 관협(寬脇)
					통신부장	장신우(張信宇)	불명	

단체	구분	소재지	무기		직책	성명	출신	비고
	제2지부		통신원 경호원 소총 권총 탄약	29 20 없음 8 300	지부장	고재을(高在乙)	咸南北青	전 흥업단지구장
					고문	김곡(金曲)	불명	
					총무	심관용(沈寬用)	불명	
					재무	정도일(鄭道日)	불명	
					서기	고장용(高張龍)	불명	
					문서검사	한석도(韓錫道)	咸南北青	
					경호부장	조완술(趙完述)	咸南三水	
					통신부장	한정식(韓正式)	불명	
					서기	탁문환(卓文煥)	咸南定平	
대한독립 군비총단	본부	八道 溝獨 岩里	소총 소총탄약 권총 권총탄약	9 390 9 495	총단장	이희삼(李熙三)	咸南端川	
					총무대리	박동규(朴東奎)	불상	
					군사부장	조원창(趙元昌)	咸南北青	
					재무부장 대리	김장환(金長煥)	불상	
					참모부장	강흥(姜興)	咸南共原	일명 濱常 현재대리 김장환
					법단부장	박경신(朴敬信)	咸南新興	현재대리 김화윤(金和允)
					통신부장	이진(李晉)	咸南端川	
					훈련부 교장	이한호(李漢虎)	咸南咸興	
					무기감수 수령	김탁(金鐸)	咸南共原	현대대리 조영호(趙榮昊)
					주찰부장	이양태(李兼泰)	불상	
					경호부 검사	윤동선(尹東鮮)	불상	(대리를 두지않음)
					경호부 오장	김정익(金鼎益)	불상	
					경호부 오장	박춘근(朴春根)	불상	
	통신 사무국	十六道 溝 新昌洞	통신사무원 소총 소총탄약 권총 권총탄약	25 2 65 5 135	국장	이동백(李東白)	咸南端川	본명 이돈식(李敦植) 현재대리 윤병용(尹秉庸)
					비서부장	강은호(姜隱虎)	咸南利元	
					재무	박만혁(朴萬赫)	咸南端川	
					검사부장	박만희(朴萬熙)	불상	
					서기	박용문(朴龍門)	불상	
					서기	홍범작(洪範作)	불상	
	제1구지단	八道 溝江 南城里	주찰원 통신원 권총 권총탄약	5 5 5 130	지단장	이원(李元)	불상	
					총무	박도윤(朴道允)	불상	
					재무	김덕종(金德鍾)	불상	
					서기	주용성(朱用成)	불상	
	제1구지단 지부	三道 溝東 興里	단원 권총 권총탄약	약180 3 100	지부장	박기숙(朴基淑)	불상	
					총무	한도형(韓道衡)	平北厚昌	
					재무	박해관(朴海寬)	불상	
					서기	유덕종(劉德鍾)	불상	
					통신 사무원	김태응(金泰應)	불상	

지단	위치	무기		직책	성명	본적/불상	
				통신사무원	염석엽(廉錫燁)	불상	
				통신사무원	조경남(趙景南)	불상	
				통신원	김석은(金錫殷)	불상	
				통신원	박창호(朴昌浩)	불상	
제2구지단	十五道 溝 大利峙	주찰원 통신원 소총 소총탄약 권총 권총탄약	18 15 11 65 5 150	지단장	박성일(朴聖一)	불상	
				총무	김달원(金達元)	불상	
				재무	양병욱(楊秉旭)	불상	
				서기	장시학(張時學)	불상	
제2구지단 지부	十五道 溝 如雲作里	단원 권총 권총탄약	약30 4 40	지부장	박홍원(朴弘元)	咸南端川	
				총무	윤동선(尹東鮮)	咸南共原	
				통신장	조계순(趙桂淳)	咸南端川	
				재무장	조응책(趙應柵)	咸南北靑	
				서기	고재봉(高在鳳)	불상	
				서(書)	김상수(金尙洙)	咸南端川	
				통신	최평준(崔平俊)	咸南三水	
				통신	박인두(朴仁斗)	咸南共原	
				통신	박성만(朴成萬)	咸南三水	
				통신원 감독	한용순(韓龍淳)	咸南甲山	
제3구지단	十八道 溝 大西亭洞 上里	주찰원 통신원 권총 권총탄약	18 15 4 150	지단장	염학모(廉學模)	咸南端川	
				총무	강봉길(姜鳳吉)	불상	
				재무	이창달(李昌達)	불상	
				서기	이영실(李英實)	불상	
제3구지단 지부	十八道 溝 小寺洞中 莊募里	주찰원 통신원 권총 권총탄약	5 5 4 100	지부장	최명신(崔明信)	불상	
				재무	정도헌(鄭道憲)	불상	
				서기	황덕영(黃德永)	불상	

[비고]
1. 광복단의 무기 중 소총은 러시아식 5연발, 권총은 자동 7연발이다.
2. 군비단의 구획 중, 적요에 대리자를 기입한 것은, 주관자가 현재 북간도 방면으로 무기 운반을 위해 출장 중이므로 부재중 대리자이다.
3. 장백현 내 각 불령단원 총계는 약 721명이 된다.

한편, 청산리전투 이후 1920년대 전반기 이후는 독립군의 권총 사용이 크게 증가한 것이 확인된다. 일제 기록을 보면, 관동청 경무국이 <조선 마적(독립군-필자주)의 상황>이라는 보고를 통해 서간도지역 대한통의부의 무기를 다음과 같이 정리하고 있다.

〈표 3〉 대한통의부 독립군의 무기 보유현황 일람표

번호	이름	직책	복장	무기
1	吳東振	통의부 교통부장	조선복	마우저 권총
2	吳東日	통의부원	중국복	마우저 권총
3	李昌●	통의부원	중국복	마우저 권총
4	李海龍	통의부원	조선복	마우저 권총
5	金錫夏	통의부원	조선복	하린토스권총
6	鄭道山	통의부원	회색 군복	5연발
7	田昌武	통의부원	회색 군복	5연발
8	崔東海	통의부원	회색 군복	5연발
9	趙泰煥	통의부원	회색 군복	5연발
10	金昌信	광복군소대장	중국식 군복	마우저 권총
11	金昌德	광복군원	중국식군복	마우저 권총
12	金基賢	광복군원	중국식군복	마우저 권총
13	朴●●	광복군원	중국옷	콜트식권총
14	楊承丙	통의부 청년대장	중국옷	콜트식권총
15	韓一善	통의부원	조선옷	
16	郭尙鎭	통의부원	회색 군복	마우저 권총
17	韓龍淑	통의부원	회색 군복	콜트식권총
18	金宗植	통의부원	회색 군복	마우저 권총
19	金振河	통의부원	회색 군복	콜트식권총
20	朱尙玉	통의부원	회색 군복	6연발
21	白賢奎	통의부원	회색 군복	마우저 권총
22	洪洛範	통의부원	회색 군복	5연발
23	李敎順	통의부원	회색 군복	5연발
24	朴正植	통의부원	회색 군복	5연발
25	朱用希	통의부원	회색 군복	5연발
26	沈德浩	통의부원	회색 군복	5연발
27	李京大	통의부원	회색 군복	5연발
28	張善治	통의부원	회색 군복	5연발
29	張孟洙	통의부원	회색 군복	마우저 권총
30	金基洙	통의부원	회색 군복	5연발
31	李雄海	통의부 민사부장	중국옷	마우저 권총
32	許成奉	소대장	조선옷	마우저 권총
33	孟喆浩	소대장	중국옷	마우저 권총

34	金明鳳	통의부부원	중국옷	마우저 권총
35	金德元	통의부●●부●	중국옷	8연발
36	申仲執	독립군 지단장	중국식 군복	마우저 권총
37	張元碩	독립군원	중국식 군복	콜트식권총
38	崔珍洙	광복군원	중국옷	콜트식권총
39	金麟洙?	광복군원	중국옷	콜트식권총
40	金泰國	암살대 감독	중국옷	마우저 권총
41	李洙昌?	암살대원	중국옷	8연발
42	金炳洙	독립단	중국옷	8연발
43	金洛祚	광복군대장	회색 군복	마우저 권총
44	文學彬	군정서반장	군복	마우저 권총
45	金允言	군정서	조선옷	
46	張用道	군정서 결사대장	중국옷	마우저 권총
47	許雲	군정서 사무주임	조선옷	5연발

대한통의부원 총 47명이 소지한 무기를 보면, 마우저 권총, 콜트식 권총, 5연발, 8연발 장총 등이다. 권총은 대부분 마우저 권총이며, 장총은 대부분 5연발이다.

1924년 3월 일제의 정보 보고에 따르면, 대한통의부 5중대는 무장군인 120명, 무기로는 러시아식 보병총 3정, 30년식 보병총과 마우저 권총 40정, 브로우닝 권총 80정, 26년식 권총 1정, 포탄 28개를 보유하고 있었다.[20]

1925년 3월 보고에 따르면, 대한통의부 제4중대는 소총 26정, 권총 38정, 5중대는 소총 18정, 권총 38정, 6중대는 소총 28정, 권총 38정, 7중대는 소총 26정, 권총 38정, 제8중대는 소총 28정, 권총 28정, 헌병대는 소총 12정, 권총 25정을 보유하고 있었다.[21]

독립군부대의 권총사용 증가는 삼부(정의부, 참의부, 신민부)의 무장력에 대한 일제의 보고서에서도 유사하게 드러난다.

정의부는 1925년 5월 신민부와 합동해 러시아측과 연계를 갖은 후 무기를 공급받았다. 러시아측과의 연계는 주로 신민부에서 담당하였으나 업무는 정의부와 신민부가 공동의 노력으로 추진하였다. 러시아측에서는 독립군을 지원하여 그를 기반으로 만주지역에 침투하고자 하는 의도를 갖고 있었던 것으로 보인다.[22]

　1925년 시점에서 정의부의 무기현황을 보면 소총 240정·소총탄환 23,500탄발·권총 40정·권총탄환 800발·폭탄 35개로, 소총 1정당 약 100발의 탄환을, 권총은 200발의 탄환을 확보하고 있었던 것 같다.[23] 거기에다 동년 5월말에 또 다시 군자금 5천원과 권총 50정, 동 탄약 400발, 러시아식 총 및 탄약 약 약 5,000발을 공급하였다. 정의부와 신민부는 이같은 지원을 받아 의용군에게 지급하고, 참의부 측에도 공급하였다.[24]

　1928년 7월 일제의 보고서에 따르면, 정의부의 경우 소유한 무기는 전 병사의 반수는 마우저 권총이고, 기타는 소총 또는 브로우닝 권총을 무장하고 있다.[25]고 나와있다. 참의부는 무기의 1/5이상은 마우저 권총이고, 기타는 소총이다.[26]신민부의 경우는 별동대 100여명이 마우저 권총과 브로우닝 권총으로 무장하였고, 보안대 200명이 소총으로 무장하고 있다고 한다.[27]

　참고로, 1923년부터 1926년까지 간도에서 일본군에 압수된 무기의 숫자는 장총 (소총) 30정, 소총탄약 6,273발, 권총 77정, 권총탄약 604발, 폭탄 450개, 군도 3개, 총검 2개, 다이나마이트 16개, 뇌관 41개, 사냥총 2정 등으로 나타나고 있다.[28]이를 연도별로 보면, 장총의 경우 1923년 4정, 1924년 4정, 1925년 13정(그중 1정은 단총), 1926년 9정 등 모두 30정이다. 권총의 경우 연도별로, 18정, 35정, 17정, 7정 등 모두 77정이고, 폭탄의 경우 160개, 210개, 72개, 8개 등 모두 450개이다.[29]

독립군의 군수품

군수품은 감자나 옥수수 등의 식량, 군복 등의 피복류, 기름 등의 연료, 삽이나 곡괭이류의 도구, 엽연초 등의 기호품, 용달이나 마차 등의 운수용품, 약재 등의 의료용품, 총기 등의 수리용 부속들을 말한다.

독립군부대는 기본적으로 집단 거주지에서 생활하면서 다같이 훈련하고 전투를 치러야하기에, 무기와 함께 이들 군수품, 군용품의 조달도 당연히 필수적이었다. 다음 기록들을 보면 당시 독립군부대에서 필요한 군수품의 종류, 조달 상황을 짐작해볼 수 있다.

불령선인 군수품 구입의 건

의군후위대(義軍後衛隊) 약 1천 명은 훈춘 목단구(牧丹溝) 부근 산중을 근거로 하였으며 최권성(崔權成)·최병한(崔秉漢)등이 간부이다. 훈춘 태평구(太平溝) 거주 유읍준(劉邑俊)·윤동철(尹東喆)은 그 재정을 취급하고 있는데, 이상의 간부는 지난날부터 군수품 구입을 기도하고 부하 수 명을 각 방면으로 파견하고 조선인 또는 중국인 상인에게 의탁한 사실이 있어서 먼저 물통, 삽, 반합 등을 당 지방 및 길림 봉천 방면에서 1천명 분을 구입하려고 강응오(姜應五) 외 20여 명 및 훈춘 중국 상인 임모(任某, 독립군 용달 상인)는 길림 방면으로 갔었다고, 당 지방에서는 최문빈(崔文斌)이라는 자가 부하 30여 명과 함께 지난달 중순에 도착하여 목하 화전사(樺田社) 방면에 잠복하여 있으며 동인도 중국인 서명기(徐鳴岐)를 동반하고 있어서 동인으로 하여금 구입하려 하고 있다.

본월 4일 이 시가 장날에 동인 등이 와서 이 마을 중국인 손화당(孫華堂) 외의 1명 집에 와서 삽 5백 정, 수통 6백 개를 속히 구입하고 싶다는 뜻을 말하고 그 물품의 유무를 문의하여도 당 지방에는 농작용 대형 삽뿐만이 있고 소형 삽은 없고 조선 안으로부터 입수하려면 몇 날을 요하고 가격이 어느 정도인가를 문의하는 것으로, 50일을 요하며 가격은 1원 40전으로부터 1원 70전 가량이 된다는 것이다. 그들은 당지에서 취인 계약을 하는 모습이 보이지 않고 용정촌(龍井村)으로 갔다 하므로, 동지에서 구입하는 모양이었다.[30]

기록에서 물통, 삽, 반합 등의 구입을 위해 용달을 타고 길림으로 갔다고 나오는 강응오(姜應五)는, 함경남도 이원(利原) 출신으로 1919년 독립만세운동에 참여한 후 만주 장백현(長白縣)으로 망명하여 대한독립군비단 대원으로 들어갔던 독립운동가 강응오로 추정된다. 강응오는 1921년 7월 대한독립군비단이 개편된 고려혁명의용군대(高麗革命義勇軍隊) 산하 간부로 만주 동부지역에서 독립운동을 전개하였다.

군용품과 관련한 기록도 보인다.

지난달 31일 우리 국민군은 중국 관청으로부터 독립군은 멀리 깊은 곳으로 피하라는 지시에 따라 어떤 곳을 목적으로 의란구(依蘭溝)를 출발하여 도하동구(道河東溝)에 와서 숙영하려는 그때 갑자기 중국 육군 30여명이 추격해 와서 아군 숙영지 배후에 몰래 잠복하는 가운데 몇 명이 내려와 아군에 대해 맹단장은 대군을 몰고 후속하여 올 것이니 명일 단장과 면회하여 결정하는 대로 출발하라고 말하였습니다. 그때 아군 장교는 대군이 뒤쫓아 습격해오는 것은 너무 뜻밖의 일이고 또 맹단장 대표자는 왜적과의 외교에 번거로워 어쩔 수 없이 독립군을 진정시키려고 하는 것으로 토벌할 경우는 독립군이 더 깊은 숲속으로 피하여 출현하지 않도록 지시할 터이니 지금 회의해야 한다는 것은 이상한 일이라고 생각되어 아군은 야간에 몰래 이를 피하기 위해 계획을 세웠습니다.

산길의 야행인 관계로 군용품 운반이 불가능하여 아래 기술한 물품을 그 부락 밭에 매장하였습니다. 그리하여 그 후 들리는 소식에 의하면 중국군이 해당부락민을 구타하여 해당 물품을 발견 압수하여 목하 명월구(明月溝)에서 주수촌(主數村)에 운반해 왔다고 합니다.

물품의 가격액수는 결코 소액이 아닙니다. 가령 소액이라 하더라도 해당물품은 아군의 정신이고 또한 우리 민족의 심혈입니다. 절대로 타국 군인이나 민족에게 위탁할 것이 아닙니다.

제271호, 군용품 압수에 관한 건
이형도(李亨道)
정재면(鄭載冕) 각하
대한국민회장 대리
서상용(徐相庸)

양위 각하 극력 교섭해주시기를 희망하는 바입니다.

하기

一. 재봉기계 7대(천円 이상)

二. 총 기름 2상자 반 (550여円)

三. 군복 및 그 부속품(2천円 이상)

四. 약품(2백円 이상)

　독립군이 군용품 조달과정에서 중국군에 의해 압수 당한 경위와 그 물품을 돌려받기 위한 청원문이다. 압수품목의 재봉기계와 군복으로 미루어보아 대량의 군복제작도 짐작된다.

　군복이나 신발 등과 함께, 식량 등의 보급품 조달과 관련한 기록도 찾을 수 있다.

재 러시아 불령선인 이동의 건 구 총독부 문서

　불령선인 1백 27명의 1대는 (1920년) 4월 28일 아무르 만의 서안 안판비(암밤비-필자)를 거쳐서 중국령 초모정자(草帽頂子) 방면으로 향하여 통과하였다. 그리고 그 중에서 6명은 카키색의 군복에 칼을 차고 단총을 휴대하였으며, 기타는 각종 잡색의 복장을 하고 모두 군총을 휴대하고 전원의 3분의 1은 조선 신발을 신었다 한다.

대한국민회의 징모에 응하고 약 2개월간 동회에서 훈련을 받은 조선
청년이 다음과 같이 말하였다.

1. 군복은 중국 군대용과 거의 같은 쥐빛(鼠色) 무명으로 하고 무명제
각반을 착용하였다.

2. 술과(術科) 교육은 주간에 약 5시간 주로 집총 교련 및 집총 야외
교련을 행하였는데, 집총 교련은 일본의 보병조전(步兵操典)에 의하여
실행

하고 야외 교련은 약 6관(貫) 이상의 토사를 넣은 배낭을 지고 각종
의 걸음으로 산야를 행진한다. 학과는 주간 및 야간 2회 실시하고, 과
목은 정신 교육을 주로 하여 행하고 한족 독립에 관한 비분 강개한 연
설로써 항일독립사상 함양에 노력한다. 식사는 가장 소악한 조밥에 부
식물로는 한인이 먹는 야생초, 또 파를 넣은 된장국뿐이다. 끽연은 엽
연초에 한해서 허락하고 또 교관 및 간부의 식사는 이외에 유병(油餅)
을 쓰기도 한다.

유병(油餅)은 기름을 둘러 부치는 떡을 말한다. 조밥에 된장국, 야생초가 기본이
었다는 기록에서 열악한 식량 사정을 짐작할 수 있다.

만주 독립군 전투식량은 주로 옥수수떡이나 잡곡주먹밥 등이었다. 나물죽을
끓여 나눠 먹기도 하였으며 식량이 다 떨어지면 풀을 끓여서 목숨을 연명하기도
하였다. 전투시 가장 어려운 보급품은 식량, 신발, 성냥, 소금 등이었는데 특히 소
금을 먹지 못하면 몸이 붓고 힘이 없어 움직이지 못하였다고 한다.[31]

1920년 4월참변시 일본군이 압수한 독립군무기들

[서간도지역의 독립군과 무기들]

포로가 된 광정단 독립군 부대원들(1922년, 함경남도 삼수군 영성경찰관주재소 감옥)

대한통의부 부대

의병과 무기

의병들은 일제에 대항하기 위하여 다양한 무기들을 사용하였다. 이를 정리하여 보면 다음과 같다.[32]

1. 화승총

기존의 화승총은 화승의 불씨로 화약을 점화하여 발사시키는 방식이었는데, 날씨가 불순하면 불씨의 유지가 어렵게 되는 약점이 있었다. 뿐만아니라 중량도 3.6-5.4kg이나 되었고, 유효사거리도 70m 정도에 지나지 않았다. 장전도 총구를 통해 화약과 탄환을 장전하는 전장식(前裝式)이었으므로, 숙달된 사수의 경우 30초에 한발씩 발사할 수 있었다. 따라서 명중률과 살상력이 낮았으며, 신속한 대응이나 야간 기습에 한계를 가지고 있었다. 다만 화승총은 제작과 탄환, 화약 조달이 용이한 장점이 있었다.

참의부대원들

2. 뇌관식 화승총(천보총)

해산군인들이 의병전쟁에 참여한 이후 화승총을 개조하였다. 화승총을 서구식 소총과 유사하고 사거리로 600m에 이르는 뇌관식 화승총으로 개조한 것이다.

3. 구한국 시대 시위대와 진위대가 소장한 소총

영국제 선조총(旋條銃), 엔필드

일본제 무라다 소총,

미국제 후장식 소총, 개틀링포, 레밍턴 롤링블럭 소총, 피비디 마르티니 소총,

마우저 소총,

러시아제 베르단 소총

독일제 마우제 M1871소총,

프랑스제 소총, 게베르32

의병의 무기(『남한폭도대토벌기념 사진첩』 대한민국역사박물관 소장)

강화도 이능권의병장과 무기들

【별첨】일본군의 무장 현황: 조선파견대대 휴대병기(1919년 4월)

독립군과 전투대상인 일본군의 무기 보유현황은 다음의 자료를 통해 짐작해 볼 수 있을 것 같다. 무기는 대체로 38식 보병총과 38식 기관총이 중심을 이루고 있음을 알 수 있다.

문 서 철 명 : 조선소요사건관계서류 共 7책 기 1

문 서 제 목 : 조선파견대대 휴대병기의 건 보고

문서수신번호 : 密受第160號 其45

문서수신일자 : 1919년 4월 22일

문서발신번호 : 二兵秘第17號

문서발신일자 : 1919년 4월 18일

수신자: 육군대신 田中義一, 발신자: 제2사단장 河內禮藏

陸密第116號 제15항에 따라 보병 제32연대의 조선파견대대가 휴대한 병기는 별지와 같으므로 보고합니다.

보병 제32연대 조선파견대대 휴대병기 원수표

품목		원수	적요
32年式軍刀 乙		4	
30年式銃劍		667	
38式步兵銃		667	
38式步兵銃 携帶豫備品		61組	
38年式機關銃 除 豫備銃身		8	
38年式機關銃 甲器具箱		1組	이 중의 2組는 병기부 보관 동원용을 휴대했음.
38式機關銃 甲彈藥箱		24組	
38式銃 實彈 揷彈子 紙函도 합계		7,224組	
38式機關銃 實彈 保彈鈑 紙函도 합계		51,840	
38式機關銃 駄馬具(馭者 徒步의 分)	銃用	8組	
	彈藥箱用	1組	
大隊旗		1	

喇叭		17	
職工具 携帶銃工具		3組	
職工具 携帶鞍工具		1組	
步兵 携帶 器具	小圓匙	244	
	小十字鍬	48	
	携帶羅針	8	
	携帶測遠機	4	
	手旗	8組	
步兵 機關銃隊 携帶 器具	小圓匙	32	
	小十字鍬	8	
	小斧	4	
	小山鋸	4	
	鉈	4	
	鎌	4	
	携帶羅針	4	
	携帶測遠機	3	
	手旗	4組	

[비고] 刀劍附刃을 위해 刀劍附刃器 11組를 사용했음.

【방문기】대한통의부 의용군사령부
정이형의 회고

정이형이 방문한 대한통의부 부대원들

1. 정이형

정이형(鄭伊衡, 1897. 9. 16 ~ 1956. 12. 10)은 1897년 9월 16일 평안북도 의주군(義州郡) 월화면(月華面) 화하리(化下里)에서 아버지 정효기(鄭孝基)와 어머니 수원 백씨(水原白氏) 사이에서 태어났다. 선생의 본관은 하동(河東)이고, 호는 쌍공(雙空)이며, 본명은 원흠(元欽)이나 이명인 이형(伊衡)으로 더 잘 알려져 있다.

　만주지역의 대표적인 무장독립운동가로서, 대한통의부, 정의부, 고려혁명당 등에서 활동하였다. 1922년 11월 정이형은 신의주에서 압록강을 건넌 뒤, 안동현(安東縣)을 거쳐 대한통의부의 활동 근거지인 관전현(寬甸縣)에 도착하여 신언갑을 찾아갔다. 그리하여 그의 소개로 대한통의부에 참여하게 되었고, 또 여기에서 민사부장 이웅해(李雄海)와 교통부장 오동진(吳東振), 그리고 의용군 사령관 김창환(金昌煥) 등을 만났다. 특히 진정으로 생사를 같이할 동지가 되어 다 거꾸러져 가는 이 민족을 살려내자고 하는 오동진과 평생의 동지가 되기로 맹세하고 다시금 항일의지를 되새겼다. 우선 선생은 국내에서의 활동경험에 따라 학무부에서 활동하다가 1923년 12월 대한통의부가 군사중심 체제로 개편되면서 본격적으로 군사 활동에 참여하게 되었다. 그리하여 선생은 대한통의부 의용군 사령관의 부관으로 활약하였고, 1924년 가을에는 대한통의부 의용군 제6중대 제1소대장으로 활용하면서 부하 병사 10여 명과 함께 봉천성(奉天省) 환인현(桓仁縣) 육도하자(六道河子)에서 반(反)통의부 분자를 처단하는 등 무장투쟁을 전개하여 갔다. 그후 정의부 의용군 중대장이 되어 국내 진공 작전 전개하면서 일본 경찰 주재소를 습격하기도 하였다. 또한 "자유평등의 이상적 신사회를 건설하자."는 기치하에 고려혁명당을 결성하기도 하였다.

　1928년 3월 19일 공판에서 사형을 구형 받고, 4월 20일 무기 징역을 언도 받아 평양형무소에 수감되었다. 이후 서대문형무소를 거쳐 공주형무소로 이감되어 19년 여의 옥고를 치르다가 광복을 맞아 1945년 8월 17일 출옥하였다.

　광복 이후 선생은 최초의 좌우합작 단체로 8·15출옥 혁명동지회를 조직하여 활동하다가 1946년 남조선과도입법의원의 관선 의원으로 선임되었다. 그리하여 선생은 1946년 12월 30일 제6차 본회의에서 부일협력자·민족반역자·간상배(奸商輩) 조사위원회를 특별위원회의 하나로 설치할 것을 제안하였다. 이에 따라 1947

년 부일·반역·전범·간상배에 대한 특별법률조례 제정을 위한 기초위원회가 성립되었고, 선생은 그 위원장으로 선임되어 특별법 제정을 주도하면서 친일파 척결의 단호한 의지를 보여주었다.

특히 광복 직후의 혼란기에 선생은 과거 만주 지역에서의 독립운동 단체 통합운동의 경험을 바탕으로 좌우합작운동 및 남북협상에 적극적으로 참여하는 등 민족통일국가 건설을 위해 꾸준히 노력하였으며, 1956년 60세를 일기로 서거하였다. 그의 사망전 <나의 망명 추억기>라는 회고록을 남겼다.[33]

2. 나의 망명추억기

처음으로 독립군의 정규무장부대를 만나다.

나는 죽산의 인도로 대한통의부 의용군 사령부를 방문하였다. 나의 평생소원이던 독립군의 모습을 볼 때가 왔다. 눈길을 무릅쓰고 산 넘고 계곡을 건너 두어 시간을 가서 한 산골 어귀에 들어서니 갑자기 『누구야』 하는 소리가 벽력같이 들린다. 죽산은 발을 멈추고 『나요. 민사부원 누구요. 국내에서 들어온 동지를 데리고 사령장을 찾아 왔소』한다. 사람은 보이지 않는데 『군호(軍呼) 앞으로』라는 소리를 지른다. 죽산은 곧 무엇이라고 외마디 소리를 한즉. 바로 길옆에서 군인이 무장한 채 일어서면서 『조금 기다리십시오』하고 군사용어로 「보고」「전령」이니 하는 말을 외치니 산상 혹은 깊숙한 숲 속의 각처에서 대답이 오간다.

통과하라는 통고를 받고 산속을 들어섰다. 산모퉁이에서 『누구요』소리가 난다. 죽산이 『나요』 하고 성명을 대니 곧 『가세요』하여 멈춤 없이 통과한다. 이렇게 서너 곳을 지나서 깊숙이 들어가니 인가가 있다. 지붕에 백설이 덮인 몇 채의 초가가 있고 사람들의 인적이 있다. 보고를 하니 안에서 정복군인 한 사람이 나와서 들어 오십시오하고 공손히 인사한다. 안에 들어서니 방에는 정복군인이 많았다.

모두 일어나서 죽산 형을 맞았다. 바로 아랫방에 들어가서 사령장 추당(秋堂) 김창환(金昌煥) 선생*을 뵙게 되었다. 군복을 입은 추당 선생은 쾌활한 목소리로 껄껄 웃으시며 나를 이전에 본 사람처럼 대해준다. 『그래 왜놈의 단련을 얼마나 받고 오시며, 얼마나 고생을 하셨소』하고 연달아 묻고 기뻐하신다.

우리 한국군대를 대하기가 생전 처음이라 나는 감격에 겨워 어쩔 줄 몰랐다. 오랫동안 묵묵히 앉았다가 겨우 입을 열어 우리나라 군대를 처음 대하니 너무 감격한 것뿐입니다. 선생님! 많은 군인들을 데리고 얼마나 힘드십니까 하였다.

추당 선생은 이 말에 아무 대답이 없이 별안간 『장서(掌書)』하고 소리를 지른다. 군인 한 사람이 들어서니 『네 물병에 채워있지』 하고 묻는다. 군인이 『예 있습니다』하고 대답하니 추당 선생은 웃으시면서 『이리 가져와. 귀한 손님이 왔는데 한 잔 있어야지. 죽산 선생, 누가 내게 술을 한 병 가져다주어서 우리는 한잔씩 나누어 먹고 우리 장서가 제 모가치를 나를 준다고 저축을 해 둬서요. 자, 나중에는 나의 부하가 될지라도 오늘은 나의 손님이니...』하며 가장 연소한 나에게 술잔을

---

* 김창환(金昌煥, 金錫柱)은 경기도 광주(廣州) 사람이다.
  대한제국시대 육군 부위(副尉)를 역임하였으며, 1905년 소위 을사조약(乙巳條約)이 체결되자 군복을 벗어던지고, 1906년 신민회(新民會)에 가입하였다. 1909년에는 신민회의 만주 이주계획에 따라 압록강을 건너 요녕성 유하현 삼원보 추가촌(遼寧省柳河縣三源堡鄒家村)에 도착하여 독립운동기지 건설에 전념하였다.
  1910 년 4월에 삼원보에 민간자치기관으로 경학사(耕學社)를 조직하였고 그 부속기관으로 신흥강습소(新興講習所)를 설치하여 국내에서 모여드는 청년들을 훈련하였다.
  1922 년 2월에는 서간도에서 대한독립단의 일부와 광한단(光韓團)·한교회(韓僑會) 등 단체가 통합하여 통일 독립운동기관으로 대한통군부(大韓統軍府)를 조직했을 때 그 사령관에 임명되었다. 이후 통의부(統義府)를 조직함에 그 사령장(司令長)에 임명되어 군사부장 양규열(梁圭烈), 부감 김 혁(金赫) 등과 통의부군을 지휘하여 항일투쟁을 계속하였다.
  1925년 길림(吉林)에서 통의부·길림민회(吉林民會) 등을 토대로 정의부(正義府)가 조직되었을 때에는 재무위원으로 활약하는 한편 동포사회의 치안확보 및 독립군의 국내 진격을 추진하였다.
  1931 년 9월 18일에 일제가 만주사변(滿洲事變)을 일으켜 만주를 공격하자 1932년 한국독립군은 중국의 항일반만군(抗日反滿軍)과 연합하여 큰 전과를 올렸는데 이때 그는 총사령 이청천을 도와 부사령을 맡아 큰 승리를 거두었다. 그러나 일본군의 반격으로 만주가 일본군의 장악하에 들어가자 여러 동지들과 남경(南京)으로 망명하였다.
  1935 년 여름에 민족혁명당(民族革命黨)이 조직되자, 김규식·양기탁·이청천·신익희(申翼熙) 등과 협력하여 주요간부로 활동하였으며, 1937년 2월에는 현익철(玄益哲)·양기탁·이복원(李復源) 등과 합의하여 전당비상대표회의를 개최하고 적색분자를 숙청하는 운동을 일으켜 한국민족혁명당(韓國民族革命黨)이라 개칭하고 독립운동을 계속하다가 이역에서 숨을 거두었다.

주신다.『군인은 술을 좀 먹어야 해요. 죽산 선생은 너무 샌님이야. 그러나 오늘은 한잔하셔야지 하고』잔을 권한다.

장서의 직책을 가진 군인이 따라주는 술을 감격하여 받아들고 마시려 하였으나 술잔이 너무 커서 다 마실 수가 없었다. 죽산은 얼른 알아차리고『어젯밤 하던 대로 돌리시오』하고 깨우쳐준다.『독립군의 풍속에는 술잔이 없고, 또 안 먹는 사람 못 먹는 사람 다같이 놀기 위하여 한잔을 가지고 빙빙 돌리다가 술이 없어지면 또 따르는 법입니다.』라고 하였다.

나는 얼른 술잔을 입에다 대었다가 죽산 형에게로 잔을 돌렸다. 죽산은 술잔을 받아서 얼른 입에 대었다가 추당 선생에게 드리면서『오늘은 좋은 말씀과 국내소식을 많이 들으시고 시조나 한 장 하십시오』한다. 추당 선생은『잔을 받아들고 마시지는 않고 공연히 돌리기만 하셨구먼. 날이 추운데 왜 안 잡수시오』하며, 당번에게『그것은 부관 방에 갖다 주고 너는 나가 있어라』하고 명령한다.

당번군인이 나간 뒤에『한통 술로도 군을 다 먹인다더니, 술 한 잔으로 세 사람이 먹고도 남는단 말이오. 자 좋은 소식 좀 들려주십시오. 산중에 정배와 있으니 갑갑하기 짝이 없소. 서울은 얼마나 번화해졌소. 저놈들이 광화문을 헐고 경복궁 안에다 총독부를 새로 짓는다지 잘 지으면 좋지. 집 짓는 것을 집어치우고 어서 상해로 가야하는데...』하고 의미를 알 수 없는 말씀을 하신다. 나는 되는대로 말씀을 드리고 곁방인 부관 방으로 물러나가기를 청했다. 추당 선생은 나에게 군인이 되라고 권하고 대군을 몰고 서울에 들어가서 한 잔 먹자며 나의 의협심을 돋운다. 김 부관을 찾고 박 참모를 불러『국내에서 새로 온 동지를 만나보고 잘들 상종하시오』라며 나를 소개한다. 죽산은『아, 김 부관이 계셨소』하며 미남자인 청년군인 손을 잡고 일어났다. 나도 뒤따라 일어났다.

부관 방에 와서 나는 미남자인 부관 김창헌(金昌憲) 동지와 인사를 했다. 죽산은 나를 과도하게 소개해준다. 천마대의 참모 박응백(朴應伯) 동지도*이때 만났다. 이들은 아까 당번이 갖다 준 물병을 가지고 나를 기다린 것처럼 나에게 술을 권했다. 나는 술을 잡고 인물물색에 정신이 팔려서 이곳에 여하한 인물들이 모였나 관상부터 보느라고 좌우를 살폈다. 박 참모는 천마대로 가자고 나를 끌고, 김 부관은 가만히 좀 있으라고 하였다. 나 한 사람을 나누어 가질 것처럼 다투었다.

죽산이 놀러가기를 청하니 부관이 응낙하고 추당 선생에게 허락을 받았다. 3인이 의용군 본부를 물러나와 김창헌 동지의 결의형제인 왕백가장(王百家長) 집으로 갔다. 김창헌 동지는 자기 집에 간 것 같이 음식을 많이 장만케 한 뒤 밤새도록 장래를 논의했다. 이때 전덕원 씨에 의해 김창의(金昌義) 선생이** 희생된 것을 심히 애통해 하는 것을 보았다. 운강(雲岡) 양기탁(梁起鐸) 선생도 만나보고 싶으

* 박응백(朴應伯~1927)은 평북 삭주(朔州) 사람이다.
1920년 12월 천마산(天摩山)을 본거로 무장항일 결사대인 천마산대를 조직하고 최시흥을 대장으로 하여 인근 각지에서 청년 500여명을 모집하여 항일투쟁을 전개하였다. 이후 남만의 광복군총영(光復軍總營)과 합작하여 천마산별영(天摩山別營)으로 계속 활동하다가 일경의 추격이 심해지자 1921년에 만주로 건너갔다. 1922년 재만 8개단체가 통합하여 통의부(統義府)가 조직되자 제3중대 간부로 활약하였다.
1923년 8월 임시정부 직할의 육군주만참의부가 조직되자 그는 훈련대장에 임명되었다가, 다음해에는 제3중대장으로 활약하였다. 1925년 8월에 개최된 임시정부 주만참의부 제1회 행정회의에서 그는 훈련위원에 선출되었으나, 고마령(古馬嶺) 전투에서 군대간부를 비롯한 29명의 독립군이 전사하고 특히 삼시협정(三矢協定) 후 많은 위축을 받게 되자, 참의부의 조직을 다시 재강화하게 되니, 그는 1926년 봄에 참의부 사령장(司令長)에 임명되어 항일무장투쟁에 전념하게 되었다.
같은 해 3월 이호(李鎬)·임상춘(林常春) 등이 러시아정부의 협조로 다량의 무기를 확보하게 됨에 따라 출동할 때에는 대한독립맹진결사대(大韓獨立猛進決死隊)라 칭하도록 하고, 국내 진입계획을 세워 북간도에서는 이청천(李靑天)을, 그리고 서간도(西間島)로부터는 그를 지휘자로 하여 평안북도 지역으로 진공하도록 하였다. 그리하여 그는 동지들과 함께 평북 삭주군(朔州郡) 경계에서 활동 중 적과 교전하다가 전사하였다.
** 김창의(金昌義, 1885~1923)는 평북 정주(定州) 사람이다.
1919년 3·1독립운동 당시에 박천(博川)·구성(龜城) 등지에서 시위운동을 주도하였으며, 1920년 2월 12일에는 임시정부 산하 평북 독판부(督辦府)의 내무참사(內務參事)로 국내 연통제 조직하에서 일하였다. 동년 2월 18일에는 정주 읍내에서 김태규(金泰奎)를 만나 군무부 포고 제1호라는 제목 아래 '서로 함께 분기하여 일본제국의 기반을 벗어나 독립하지 않으면 안된다'라는 인쇄물 100여장을 한병주(韓秉柱)·장종삼(張鍾三)에게 교부할 것을 의뢰하고, 서울에 배포하는 등 항일투쟁을 전개하였다.
또한 동년 4월 19일에는 대한청년단연합회 제2회 정기총회에서 참가단체 29단체, 동대표 108명, 내빈으로 독립단 대표 윤창선(尹昌善)·양기하(梁基河)·전덕원(全德元)·백진해(白鎭海)·김유성(金有聲)·〈새벽달〉신문 사장 이시열(李時悅), 방청객 232명이 모인 가운데 안동교통사무국 참사(參事)로서의 활동실적이 보고되기도 하였다.
1922년에는 대한통의부(大韓統義府) 선전국장으로 활약하였으나 대한통의부 내에서 불행하게도 내분이 일어나, 청년파(靑年派 : 신사상계로 상해파)인 양기탁(梁起鐸)과 유림파(儒林派 : 독립단계)인 전덕원(全德元)의 의견불화로 의군부(義軍府)가 독립을 보게되자, 양부 사이에서 대규모 유혈전이 벌어지게 되어 1923년 4월 관전현(寬甸縣) 소아하(小雅河)에서 전덕원의 부하 20여명에게 습격을 받고 사망하였다.

나 그분 역시 전씨 때문에 벽지에 숨어서 치료 중이고, 가장 성실하다는 하죽(河竹) 현정경(玄正卿, 후에는 공산주의자가 됨)선생*도 부상을 입고 치료중이며, 재사로 이름 있던 고활신(高豁信, 호 遠庵, 후일 변절) 역시 볼 수가 없고, 수일 수 지방대표자대회가 있으니 그때에 모두 만날 수 있다고 해 새겨 두었다.

나는 독립군 부대를 참관할 것을 부탁했다. 부관 김창헌은 이곳에 호위대 한 중대가 정식무장하고 있으니 같이 가서 보자고 하여 우리 일행은 곧 출발했다. 가면서 김 부관이 말했다.

『이 호위대는 만주에서 가장 훈련이 잘 된 군대인데, 전신은 서로군정서이고 장교들은 합니하 신흥무관학교 출신으로 나와 동창인 사람도 많습니다. 우리 의용군이 통합됐지만 부대편제는 완전히 개편되지 못하고 오직 이름만 통일됐어요. 서로군정서가 1중대(白狂雲), 독립단 이웅해파가 2중대(崔碩錞), 천마대가 주류를 이루는 광복군총영이 3중대(崔時興, 후에 崔志豊)로 모두 각파 그대로 있고, 독립단 전덕원파가 4중대로 돼 지금 혼란을 일으키고 있습니다. 같이 민족제단에 정결한 희생이 돼야 할 이분들이 군웅할거식으로 각기 군대와 지반을 그대로 가지고 있고, 지도 이론을 세우지 못하고 통일된 계획도 없이 운동을 지휘하니 따라다니는

---

* 현정경(玄正卿, 玄炳瑾, 玄炳根, 1881~1941)은 평북 박천(博川) 사람이다.
1912년 중국 동삼성(東三省) 반석현(磐石縣)으로 망명하여 항일단체인 한족회(韓族會)에 가입하고 서로군정서(西路軍政署)에서 조선독립단원이 되어 민족독립사상 고취와 무장투쟁 등의 활동을 하였다.
1920년 2월 동삼성 관전현(寬甸縣) 향로구(香爐溝)에서 광한단(光韓團)을 조직하고 위원장에 취임하였다. 국내 각지에 군면지단(郡面支團)을 조직하고 단원을 파견하여 결정적 시기에 일시에 궐기(蹶起)할 것을 실천하기 위해 일본군 행정기관의 파괴와 군자금을 모집하며 활동하다가 1920년 12월 일경의 습격으로 피체되었다.
출옥한 후 대한통의부의 법무위원장이 되어 활동하였다. 1926년 4월 5일에는 길림에서 양기탁(梁起鐸)·고활신(高豁信)·곽종대(郭鐘大)·정이형(鄭伊衡) 등과 함께 고려혁명당(高麗革命黨)을 조직하고 중앙집행위원이 되어 활동하였다.
국민부(國民府)를 발족시에는 중앙집행위원회 법무위원장으로 피선되었다.그뒤 1937년 7월 일제의 중국 대륙침략의 발단이 되었던 북경교외 노구교(蘆溝橋)사건 이후 김성숙(金星淑)·박건웅(朴健雄)과 함께 조선민족해방동맹(朝鮮民族解放同盟)을 중경(重慶)에서 조직하여 주석으로 추대되었으며, 이 단체는 조선민족전선연맹(朝鮮民族戰線聯盟)으로 발전되었다.
1940년 기강에서 열린 독립운동단체 연합회의 석상에서 각 단체는 대한민국임시정부 산하로 총결집해야 함을 주장하며 병을 얻어 사망하였다

우리 청년들도 어리석습니다. 청년 한 사람을 보아도 모두 자기네 파로 끌어가려고 하니 참 딱한 일입니다. 잘못하면 어떤 몹쓸 인간에게 붙어 다니다가 죽어도 개죽음할 것입니다.

　며칠 후 전덕원 반동문제 때문에 각 대표들이 모두 모일 것이니 관찰이나 좀 잘해보시오. 이곳에는 별별 사람이 참 많습니다. 기차를 못 본 사람이 있고, 왜놈을 못 본 삶도 있을 정도로 참 가관입니다. 그러면서 왜놈은 제가 잡는다고 떠들고 있답니다. 이곳 호위대의 중대장인 백광운(白狂雲)은*이시영(李始榮) 씨 댁 머슴인데 삼십이 넘도록 머리를 길러서 땋고 다니던 진짜 총각이시고 이시영 선생님 덕택에 「가갸」부터 배워 국문을 보고 읽게 되고 사관학교에서 수업을 받고 나와 중대장까지 됐으니 인생사가 참 훌륭하지요. 만나보면 알게 되겠지만 일자무식 그대로입니다만 힘은 군세지요. 돼지 족발을 뼈다귀째 씹어서 먹는 장사가 군인이 된 것이지요.

　그러나 우리 독립군은 힘만 가지고는 지도할 수 없겠지요. 더구나 우리 군대는 이름이 중대지 독립연대 아니 독립사단과 같은 행동이 필요할 때가 많습니다 .넓은 지방에 널려 있고 연락을 취하기가 쉽지 않아 모두가 부대장 행동을 하고 있는데, 머리를 쓰지 않고 담력만 중하게 여기는 것은 착오가 아닐 수 없습니다.

　나는 얼른 말을 받았다.『왜 속히 시정하지 않습니까. 부관의 책임이 아닙니까』

　그가 대답했다

---

*　백광운(蔡燦, 白狂雲)은 충북 충주(忠州) 사람이다. 1910년 일제에 의하여 한국이 강점당하자 남만지역으로 망명하여 신흥무관학교에서 군사학을 전공하였다. 졸업후에는 합니하(哈泥河) 산골에서 백서농장(白西農庄)을 만들고 둔전제(屯田制)로 군인을 양성하였다. 1919년 3·1독립운동 이후에는 서로군정서(西路軍政署)에 참가하여 모험대를 조직하고 국내에 진입하여 적기관을 파괴하고 적의 밀정을 처단하는데 주력하였다.
　1922년에 대한통의부에 가입하여 제1중대장으로서 무장투쟁을 계속하였다. 그러나 전덕원(全德元)등과 의견의 마찰로 통의부(統義府)가 분열되자 남만의용군 대표로서 상해임시정부에 파견되어 교섭한 결과 김승학(金承學)·이유필(李裕弼)·이종혁(李鍾赫)·차천리(車千里)·박응백(朴應白) 등과 함께 임시정부 직할의 주만참의부(參議府)를 설립하게 되었으며, 참의장(參議長) 겸 제1중대장으로 항일투쟁을 전개하였다.
　1924년 5월에는 이의준(李義俊)·김창균(金昌均)에게 국경을 순시하던 재등실(齋藤實)총독을 저격하도록 지시하여 적의 간담을 서늘하게 하였다.

『내 생각으로는 사관학교 출신이 아니라고 하더라도 정신이 있고 자격이 있는 사람이면 된다고 봅니다. 합니하 신흥학교에서 병식보조(兵式步調)만을 조금 배운 것뿐인데, 그것이 부대장이 되는데 무슨 소중한 조건이 되겠소. 보병조전(操典)을 잘 알고 몸에 배도록 군인생활을 해야 하게지만 더 필요한 요건은 독립군 정신이 있는 사람이라야 합니다. 지도자에게는 지도할 수 있는 지식과 정신이 있어야 한다는 것이 나의 생각입니다. 그러나 나의 생각이야 소용이 있습니까. 각파에서 자기가 신임하는 사람을 대장으로 삼지 않으면, 부하들이 자기명령을 들을 이유가 있겠소. 군인이 사령부 명령이면 그만이지, 정실관계가 무슨 소용이 있겠습니까만 이 곳은 그렇지 않습니다. 전덕원 씨가 왜 반동을 하였습니까. 자기상관이 아닌 사람의 말을 듣고 군사행동을 취하다가 반동이 있게 된 것이지요.

우리 군인이 정비될 날은 멀고 멀었습니다. 현재 있는 소중대장들을 모두 도태시켜야 하는데 누가 이것을 실현해내겠소. 내 자신을 보아도 알지 않겠소. 소위 사령부 부관이 병을 지휘할 임무가 있을텐데 이렇게 떠돌아다니는 것을 보면 알 것이 아닙니까. 이름이 부관이요 이름이 사령장이지 실제 사령장은 각 파 선생님들이 하고 있다는 것을 알아두십시오. 남의 말이 아닙니다. 참 한심한 일입니다. 여러 해 통일이니 무엇이니 하여 각 단체를 해체하고 군인을 합체하려고 애쓴 운강 선생님을 왜 총독에게 돈을 받고 와서 이렇게 만들지 않았나 하고 비난하고 때렸습니다. 이것이 우리 만주 독립군 사회의 현실입니다.

이런 말을 들으며 따라가기를 얼마나 갔는지 정오가 넘었다. 산을 넘고 골을 건너 초병이 서 있는 것을 보았다. 부관을 보고 경례한다. 아무 말 없이 통과하였으나 초병이 큰 소리로 보고한다. 병영을 찾아드니 병영이래야 민간 집 4, 5채에 나뉘어 있다. 각 방에서 정복의 군인들이 들락날락하더니 부관과 나를 보고 경례하면서 차렷 자세를 한다.

부관은 대장에게 전 부대 집합을 명했다. 방에서 몰려나온 군인은 산촌 집 좁은 뜰에 가득 찼다. 대오를 정렬한 후 대장이 인원보고를 했다. 부관은 보병조전에 따라 어떠한 때는 어떻게 해야 한다는 것을 잠시 가르쳐 주었다.

나는 부관의 소개로 대장과 인사하고 『독립군부대를 처음으로 보니 마음이 퍽 감격에 넘치고 독립이 다 된 것같이 느껴진다』고 말했다.

군인의 장비는 장총, 단총, 대검, 지휘도 등이었고 나팔도 있었다. 탄환은 허리에 두르거나 어깨에 차고 있었다. 물병도 메고 배낭을 멘 사람도 있었다. 안색은 일본군인과 흡사한 토황 색을 띠었다. 나는 장총보다 단총, 특히 모젤식 권총에 호기심이 일었다. 목갑에 들어 있는 것이 알고 싶어서 보여주기를 청했더니 곧 꺼내 연결해 보여주는 데 그 역시 장총에 못지않다는 것을 직감했다. 그 것이 왜놈이 제일 무서워하는 독립식 권총임을 알았다.

구입한 것을 텐데 가격은 얼마나 되며 구입하는 방법은 여하한가 물었더니 부관이 자세히 설명했다. 한 자루 가격은 1백원 내지 3백원이요, 탄환은 한 발에 1원까지 한다고 했다. 총은 상해나 천진 같은 외국인 조계지에서 독일인이나 유태인 상인들을 통하여 구입하고, 탄환은 중국군인을 통하면 어렵지 않게 살 수 있다고 했다. 외국상인들이 이러한 밀수를 하기 때문에 중국에는 마적이 생기고 군벌이 있는 것이요, 군인들에게 봉급을 잘 주지 않기 때문에 마적을 토벌하러 간다든지 무슨 행사를 한다든지 하여 탄환을 사용한 것으로 보고하고 팔아먹는다는 것이다.

중국군인들은 모여 앉으면 투전인데 돈이 없으면 총이나 탄환을 돈 대신에 사용한다고 한다. 그 덕분에 우리는 무기공장도 가지지 않고 독립운동을 할 수 있는 것이라고 설명해 재미있게 들었다.

제3장

구입購入

러시아혁명군과 미군

일제의 1920년 8월 24일자 정보 문서를 보면, 독립군부대의 무기반입 과정에 대해 다음과 같이 보고하고 있다.

먼저 노령에서 과격파 또는 기타에 연락을 가진 자가 구입할 교섭을 하고 또는 이를 수집하여 동지의 손에 의하여 러시아·중국 국경 부근에 운반하고, 간도 방면의 동지 단체에 통첩하여 이를 주고 받는 것인데[34]

이것은 독립군부대의 무기반입이, 거래가능한 대상선정→러시아혁명군 등 무기거래 대상이 신뢰할 수 있는 권위를 가진 독립군부대 간부 혹은 기존 거래연락선을 갖고 있는 무기중개업자를 통한 교섭→독립군부대원이거나 그에 준하는 운반대원을 통한 운송이라는 과정을 통해 이루어졌음을 말해준다.

3·1운동 이후 국내진공작전 등 무장투쟁을 전개하고자 했던 만주지역의 독립군부대들은 1917년 러시아혁명 이후 적백내전이 시작되어 블라디보스토크 등 러

시아 연해주지역에서 무기를 구입할 수 있는 기회들이 많아지자 이를 적극적으로 활용하였다.

대표적인 것이 러시아혁명군과 미군으로부터가 아니었을까 짐작된다. 일제에 압수된 조선일보 1920년 6월 29일자 <배일 조선인 무비(武備), 정예한 무기, 수연한 군대, 차(此)를 박멸함이 가하다고>는 이를 잘 보여주고 있다.[35]

> 근래 배일조선인과 과격파의 관계가 점차 밀접하게 된 事는 屢報함 바와 如하거니와, 過般來—노령 배일 조선인은 속속 간도일대 지방에 집합하여 금에 조선인 수는 실로 3천 9백여명이 달하기에 至하였고, 차 조선인 거개 정예함 무기를 휴지하여 순연한 군대를 조직하였는데, 此等 무기는 皆 노국과격파 및 재러미국인 등으로부터 공급을 受한 것이오. 旣爲 왕청현 소왕청의 대한군정서가 과격파로부터 소총 200정 및 탄황 2만발의 지금을 수한 이래, 직접 간접으로 여사한 실례가 不遑 枚擧이며, 재간도배일조선인과 과격파와의 연락은 여사히 상상 이외 밀접하게 되어(하략)

먼저 독립군들은 러시아혁명군으로부터 무기를 구입할 수 있었던 것으로 보인다. 러시아혁명군의 경우 자신들의 세력열세를 한국독립군과의 연계를 통하여 극복하고자 하였다. 즉 약소민족의 해방을 주장하면서 러시아 혁명세력을 탄압하기 위해 시베리아에 출병한 일본군과 싸우는데 한국독립군을 적극적으로 활용하고자 하였던 것이다. 러시아 혁명세력과 한국독립군의 공동의 적이 바로 일본이었으므로, 러시아혁명군은 일본군을 격퇴하기 위하여 러시아 및 만주지역의 독립군에게 우호적인 상황이었던 것이다. 그러므로 만주지역의 독립군은 러시아혁명군으로부터 무기를 구입하는 작업이 수월한 편이었다고 볼 수 있다.

그리하여 1920년 5월경에는 독립군이 기관총과 더불어 2천여개의 총을 소지하여 그 위세가 맹렬하였다고 일제에 압수된 기사인 조선일보 1920년 5월 22일자 <무기가 정돈된 독립단의 위세 맹렬>에 다음과 보도하고 있다.

북간도 서간도를 중심으로 하여 독립을 선전하는 독립단의 일단은 근일에 점점 그 세력이 심히 맹렬하여 그 근처의 일본인은 생명의 위함을 심히 두려워하여 자유의 행동을 하지 못하는 터인데 용정촌 근처에 사는 일본 사람 강구모(江xx)는 이미 목숨을 잃어버리고 천보산광산 사용인도 이미 붉은 비를 흘리고 죽어버렸다. 노국의 과격파 일파는 대한민족의 독립을 선전하며 노력하는 조선의 독립단에게 손을 잡아 동정을 하여 독립단의 손에는 이미 무기가 정돈되어 2천여개의 총과 칼은 그 독립단의 맹렬한 위력을 발휘하기에 부족함이 없으며, 그 맹렬한 위력은 그 근처의 일본인의 통행과 거주를 마음대로 하지 못하게 하여 일본인들은 심한 공포에 눌려 건너오려 하는 자가 많이 있게 되었으며, 수십년의 기초는 장마에 버섯모양으로 그만 말라버리고 말았다. 더욱이 최근에 이르러서는 기관총을 가지게 되어 일본인들은 장차에 商埠地에까지 그 위력이 침입하지 않을까 하고 몸을 떨며 장차에 돌아올 비참한 운명을 xx고 있는단더라.

일제의 보고문에서도 "러시아과격파와 군정서와의 관계는 가장 밀접하여 현재 군정서의 무비(武備)는 모두 과격파의 원조에 의한다"[36]고 언급하고 있는데, 여기에서 군정서는 북간도지역의 독립군부대인 대한군정서를 말한다. 실제로 대한군정서는 "군정서 사령부관(司令副官) 겸 사관연성소 교관으로 임시 채용한 전 러시아군 기병대위 강필립의 안내로 러시아인과 러시아에 귀화한 한국인들을 통하여 러시아 과격파로부터도 다량의 무기를 구입"[37]하는 등 밀접한 관계였다.

뿐만 아니라 대한군정서는 러시아백군과 기타 무기상 등 구입할 수 있는 모든 곳으로부터 무기를 구입하였다.[38] 당시 백계 러시아군은 자신들의 안위와 중국지역으로의 망명 등을 위하여 소장하고 있던 러시아무기와 일본군으로부터 제공받은 무기들을 팔아넘겼던 것이다. 아울러 당시 시베리아에는 러시아혁명군을 진압하기 위하여 미국, 영국, 프랑스 등 다수의 연합군이 출병하여 있는 상황이라 여러 나라의 다양한 무기구입이 보다 쉽게 가능한 상황이었다.

무기구입은 미군으로부터도 이루어진 것으로 보인다. 이것은 그동안 주목하지 못한 새로운 사실이다. 『외무성경찰사』에 수록된 1920년 5월 14일자 군자금 관련 문서의 일부를 통해서 이를 확인할 수 있다. 즉,

간도와 훈춘지방 불령조선인이 러시아 과격파 혹은 미국군으로부터 비밀리에 무기를 구입하여 간도지방으로 반입하고 있다는 사실은 이미 보고한 바이지만, 또 다른 정보에 의하면 재외 조선인이 러시아에 있는 국민의회의 손을 빌려 러시아 과격파, 체코군 및 미국군과 구입 계약을 체결했다.

군총의 수량은 이미 23,000정에 달하고 그중에서 7,000정은 얼어 있는 블라디보스토크부근에서 연해주 해안 얼음 위를 통과하여 포시에트에 도착했다. 그리고 훈춘현 4도구(四道溝) 방면에 반입되어 청구(靑溝), 탑자구(搭子溝), 대황구(大荒溝) 등의 각지를 경유하여 왕청현 협피구(夾皮溝) 서대파(西大坡)방면에 반입되어 남부 우수리(烏蘇里), 훈춘현과 간도지방 오지에 나누어 은닉되어 있다고 한다. 그렇게 해서 동 방면에서 왕청하류 지역과 알아하(優呀河) 하류 좌측 해안 방면에 반입된 것은 약 2,000정이다.[39]

라고 하여, 간도와 훈춘지방 독립운동가들이 미국군으로부터 비밀리에 무기를 구입한 사실과 대한국민의회의 손을 빌려 미국군과 구입계약을 체결한 것을 언급하고 있다.

무기중개업자

러시아와의 무기중개업은 러시아지역의 대표적인 독립운동단체인 대한국민의회와[40] 중국과 러시아의 국경지대에 살고 있는 조선인들에 의하여 주로 육로와 해로를 통하여 추진되고 있었던 것으로 파악된다. 다음의 기록을 통하여 이를 짐작해 볼 수 있다.

근래 시내 시장 해안으로부터 아무르만의 대안 바라바쉬, 기타 방면
으로 향하여 출범하는 대형 선박의 4할은 반드시 총기를 운반하는 것
인데, 지금 선인의 무기 매매하는 개황을 기록하면 다음과 같다.

바라바쉬의 북 마아산 부근 협피구(夾皮溝)의 주민 전영수(全/田/永壽)
라는 자는 일화 1천8백원을 휴대하고 무기구입을 위해 블라디보스토
크로 와서 있는 중인데, 약간의 군총 탄환을 구입하고 6월 2일 출발하
였는데, 전씨는 자기의 재산으로는 2백원 가량 밖에 없으며 같은 주소
에 거주하는 안덕삼(安德三)이라는 자가 중국령의 배일 선인으로부터
의뢰된 것을 안씨로부터 다시 의뢰를 받은 것이라고 한다.[41]

러시아와 중국의 국경지대인 바라바쉬의 북쪽 마아산 부근 재피거우의 주민
전영수가 블라디보스토크에 와서 약간의 군총 탄약을 구입하였다고 밝히면서,
의뢰인은 중국령에 있는 독립운동가라고 언급하고 있는 것이다. 그리고

중국령 초모정자(草帽頂子)의 북쪽 수리 영동(永洞)의 주민 오원준(吳元俊)이라는 자도 무
기 구입을 위하여 블라디보스토크에 와서 있는 중이다. 또, 바라반의 동쪽 15리 반 전
선동(電線洞)의 주민 우득룡(禹得龍, 파웰)이라는 자는 지난날 16정의 군총을 입수하여
가지고 돌아갔다가 지금 다시 또 구입을 위하여 블라디보스토크로 오는 중이다.[42]

라고 하여, 중국령 초모정자의 북쪽 수리 영동주민 오원준과 바라바쉬의 동쪽 5
리반 전선동의 우득룡이 블라디보스토크에서 무기를 구입하였음을 밝히고 있다.
아울러

김익지(金益智)의 손자 니콜라이 김(20세 가량)이라는 자는 원래 무뢰한인데(재작년 그의 백
부) 일크츠크에 거주 김성백(金成伯, 이등박문 사건 관계자의 사진을 지참하고 동인이 권총을 은닉
해 둔 것 기타를 호소하고 상금을 요구한 자) 탄환 군총 매매의 중개업을 하고 있다 하며 시장

에 점포를 가진 이선진(李善晋)은 비밀로 무기 매매 중개업을 하고 있다. 바라바쉬 거주 박태여(朴泰汝)라는 자는 동지에서 총을 매매한 사실이 있고 이씨와 연락이 있으며 형 박태화(朴泰化)라는 자도 몬고카이에서 같이 총을 매매하고 있다.[43]

라고 하여, 니콜라이 김, 이선진, 박태여, 박태화 형제 등이 블라디보스토크와 몽고가이 등지에서 활동하면서 무기매매업을 하고 있음을 알 수 있다. 즉, 위에서 언급되고 있는 무기중개인들은 모두 국경지대에 살고 있는 조선인들이었고 실제 역할을 하였던 것이다.

블라디보스토크 신한촌에 있는 독립운동가 허재명(許在明)도 북간도지역의 독립운동단체들을 대신하여 무기를 구입하는데서 중요한 역할을 한 것으로 보인다. 다음의 두 기록은 이를 보여주고 있다.

불령선인 총기 탄약
운반의 건
블라디보스토크 전보
1920년 3월 19일

신한촌(新韓村) 불령선인 허재명(許在明)은 러시아 인으로부터 소총 5백정, 탄약 5만 발, 폭탄 62개, 권총 4백 30정, 동 탄환 5만 발, 기관총 2정을 구입하기로 계약이 성립되어, 그 중에 소총 및 동 탄약은 3월 15일 마차로 얼음판 위를 통과하여 오오츠크 및 세시와에 운반하고 폭탄 및 권총은 블라디보스토크에서 사용한다고 한다.[44]

이 보고문은 허재명이 러시아인으로부터 무기다수를 구입하였다는 것을 확인해주며, 또한,

불령선인 총기 탄약
운반의 건
블라디보스토크 전보

불령선인 주해일(朱海一)은 3월 12일 허재명(許在明)의 의뢰에 의하여 기관총 7문, 군총 2백 20정, 탄환 1만 8천 발, 권총 22정을 썰매(橇) 8대에 실려져서 블라디보스토크로부터 이도구(二道溝)를 거쳐서 중국령 '쵸니은애'에 있는 홍범도 처에 반출하고 27일 블라디보스토크로 돌아 왔다.[45]

라고 하여, 허재명이 주해일에게 의뢰하여 무기 다수를 홍범도에게 반출하는 식으로 역할하였음을 알 수 있다. 그리고 1920년 2월 5일자 일제의 블라디보스토크 파견원 보고에 따르면,

신한촌의 불령선인 이행식(李行植)은 1월 14일 군총(軍銃) 130정을 신한촌으로부터 아무르만을 따라 바라바쉬 부근의 암밤비로 수송하였다고 하며, 이 총은 소위 군정부 지부원인 진학신(秦學新), 강국모(姜國模) 등이 체코군으로부터 구입한 것이라고 한다. 또한 조선인 허재명, 유기룡(劉基龍) 및 양모(某) 등이 다량의 주정을 밀수입하고 그 대금 및 자기가 소지하고 있는 다액의 金員으로써 총기 및 탄약을 구입하고자 분주하고 있다고 한다.[46]

라고 하여, 이행직, 허재명, 유기룡 등이 무기구입을 담당하고 있음을 짐작해 볼 수 있다.[47]

한편 러시아 국경 조선인마을 시지미에 살고 있는 신용진도 무기구입에 있어서 중요한 역할을 담당하였는데 그것은 다음의 기록을 통해 확인된다.

시지미에 거주하는 신용진(申龍鎭)은 조선인 3명 및 러시아인 에체니코 등을 사용하여 군기의 밀매를 행하면서 있었는데 이 자금의 일부 1백 수십 원을 어느 잡화 상인에게 맡겨 두었다. 또 신씨 등이 이미 밀매한 병기는 약간 당지에 보관하여 두었으나, 이 수송이 뜻과 같이 되지 못하고 또 먼저 번에 어항(漁港 : 블라디보스토크 서해안 어선장) 부근에서 병기 밀수송선(密輸送船) 관계자 중 일본 헌병대에게 체포된 자가 있은 뒤에 선부들간에 불안을 가져 왔고 병기의 밀수송을 위험시하게 되어 용이하게 여겨 불응하고 설령 응한다 하여도 과대한 운임을 요구하기 때문에 이 선후책에 대하여 신용진은 블라디보스토크에 도착하였다. 신씨는 병기 밀매에는 스스로 직접 교섭을 피하고 부하의 조선인 또는 러시아 인을 사용하고 있으며 또 병기 밀매 자금의 출소, 아울러 배하 조선인의 성명, 그 뒤의 행동 등을 계속 탐사중에 있음.[48]

같은 자료에서는 신용진과 함께 우득룡에 대하여도 다음과 같이 기록하고 있다.

전선촌(電線材 : 바라반 동남 10리)에 거주하는 우득룡(禹得龍 : 러시아 이름으로 빠베우)은 종래 종종 병기 밀매를 하고 있었는데 그가 사는 마을에서 본인의 신변이 위험하게 되었으므로 목하 '블라디보스토크'에 체재하여 각 여관을 전전하면서 도피하고 있다.

이동휘 등이 중심이 되어 중국과 러시아의 국경지대인 왕청현 나자구에 설립된 나자구 무관학교에서도 무기구입에 진력하였다. 이와 관련하여 러시아측에서는 조장원이 중심 역할을 하였으며, 만주에서는 임국정, 김하석, 이용, 김영학 등이 중심이 된 것으로 보인다. 이것은 1919년 10월 5일 다음의 기록을 통해서 살펴볼 수 있다. 언급된 인사들은 모두 만주지역의 주요 독립운동가들이다.

불령선인 무기 구입에 관한 건

나자구(羅子溝) 대전(大甸) 학교 생도 등은 지금 당지에서 무기 구입에 진력하고 있는데 가격의 고하를 논의하고 있어서, 특히 임국정(林國楨)이라는 자가 빈번히 분주하며 러시아 군용 단총 2정(1정은 탄환 50발 겸해서 대금 1천 5백 루불, 1 정은 탄환 35 발 겸해서 대금 2천 3백 루불)을 구입하고, 또 '3리 니야' 군총 1정 탄환 90발 겸해서 대금 3백 50 루불로 조장원(趙璋元)의 손을 거쳐서 구입하였다. 본건에 관하여서는 김하석(金河錫)·이용(李鏞)·김영학(金永學)도 빈번히 진력하고 있다 한다. 또 김하석은 일화 35원을 던져서 군용(나가시)식 단총 1정을 구입하였다.
　신민단장 김규면(金圭冕)은 지난날 단원에 대하여 단원의 의무는 오로지 총과 탄환과를 준비함에 었어서 이것을 준비하지 못한 자는 상당한 대금을 갹출하라고 설득하였다.[49]

한편 박승길(朴昇吉, 1893-1960)의 회고를 통하여 대한신민단의 무기구입의 일단을 살펴볼 수 있다. 박승길은 함북 온성(穩城) 사람이다. 1919년 3월 간도 왕청현

(汪淸縣) 백초구(百草溝)에 망명한 후 주민 수 천명을 동원하여 만세시위를 주도하는 한편, 감리교인 10여명과 함께 신민단을 조직, 석현지부(石峴支部) 군사령관에 임명되어 무장군 5,00여명을 양성하였다. 또한 동년 모연대(募捐隊)를 조직하여 간도 및 함경북도 지방에서 모금한 군자금 3,500원으로 노령에서 권총 20정, 소총 30정, 탄환 등을 구입하여 독립군의 무장에 만전을 기하였다. 동년 12월에는 블라디보스토크에서 소련군 멘쉬비크파 군사령관 셉첸코 및 김규면과 밀약하여 노령에서 소총 500정, 탄환 10만발을 무상으로 공급받아 신민단군의 무장을 강화하였다.

1920년 3월경에는 부하 20명을 인솔하고 봉오동에서 일본군 나남(羅南) 19사단 아스가와부대와 교전하여 일본군 300여명을 사살하였다. 또한 명월구(明月溝) 이청림(李靑林)에 사관학교를 설립하여 독립군 간부 양성에 온 힘을 기울이기도 하였다.그리고 1920년 10월에는 상해 임시정부에서 파견된 안정근의 권고를 받아들여 북간도 일대의 독립군단체를 통합하여 북로사령부를 설립하였는데 그는 김창순(金昌順)과 함께 대한신민단 대표로 참석하여 활약하기도 하였다. 그러나 나날이 팽창되어 가는 일군의 세력을 감당할 수 없어 1922년에는 노령(露領) '고로시카'로 망명하여 젊은 교민들의 교육에 진력하였다 한다. 1935년에는 일본 자작농 토벌대의 선두에 섰다가 붙들려 모진 고문에 고막을 잃기도 하였으며 탈옥한 후 다시 투쟁을 계속하였다고 한다.

박승길은 자신의 독립운동내용을 구술하여 필사본 <간도독립군약사>(기록, 박원일)를 남기었다. 이 기록에는 <독립군 무기구입 루-트>가 있어 당시 무기구입의 일단을 살펴보는데 도움을 준다. 이를 보면 다음과 같다.

전 독립군들은 무기구입을 주로 노령에서 하였다. 유가 혹은 무가로 되어 있으나, 유가로 구입한 것이 대부분이다. 무가로 구입된 것은 해삼위에 본부를 두고 있는 신민단 단장 김규면이 당시 연해주 점령군 멘쉬비크당수이며, 연해주점령군 통솔사령관인 셉첸크와 친한 사이라 러시아 혁명이나 한국독립이나 같은 목적이라 좀 보아달라고 교섭한 즉, 단기 4252년 음력 12월(양력 단기 4253년 1월)경 해삼위항구는 결빙기이다.(무기고는 반도로 되어 있는 지점에 유함) 양인 사이엔 임이 비밀히 짜고 보초병을 눈감키고 역사(力士) 홍범도 장군과 의병대장하는 차도선, 신민단 석현(石峴) 지부 군사령관 박승길 3씨가 말파리 3대를 몰고 어름위로 들어가서 홍범도와 차도선은 직접 무기고에 들어가서 운반하고 박승길이는 아래에서 말파리 보고 있었다. 온밤 운반해낸 것이 보병총(상자에 들어있는 신제품 12정)500정, 탄환 10만발을 3대의 말파리에 싣고 참모어에 갔다 놋고, 석현지부 신민단군 박승길에게 250정, 훈춘현 타두거우 신민단군 한경세에게 150정, 홍범도 장군에게 100정, 매보총탄환 200발씩 분배한 것이다.

즉, 박승길은 대한신민단 단장 김규면의 노력에 의해 러시아 혁명군으로부터 무가(無價)로 무기를 지원받은 사실을 언급하고 있다. 아울러 유가(有價)로 구입한 경우는 체코군으로부터는 대한군정서가 주로 무기를 구입하였음을 다음의 기록을 통해 보여주고 있다.

유가(有價)로서는 6국연합군이 시베리아와 해삼위 주둔 하였다가 철수시에 체코군 군인들이 무기를 헐가로 매수한 것이 있으며, 이 무기는 (대한)군정서군이 구입하였다. 그 외에도 무기 긴요성에 따라 많은 무기를 독립군 각 단체에는 구입하였으나, 주로 김규면이 알선을 유가로 얻은 것이 많으며, 그 외에도 재러브로커 손을 걸쳐 얻은 것도 많으며, 또는 중국군인들 무기를 구입한 일도 있었다.

한편, 만주지역의 독립운동가들이나 무기중개업을 하던 국경지대 조선인들의 활발한 역할에도 불구하고 전반적인 상황은 좋지 않았다. 1918년 일본군이 시베리아로 출병한 이후 일본군의 감시와 간섭으로 무기구입은 점차 어려운 상황에 이르게 되었다. 이것은,

앞서 러시아에 무기 구입 목적으로 월경한 신민단(성교회) 군수 위원 무기 구입의 성적 부진
김성윤(金成允) 이하 46명은 4월 28일 목적을 달성하지 못하고 철수하
였고 국민회 경호대장 이영백(李永伯)은 부하 61명을 인솔하고 군총 구
입을 목적하여 노령으로 갔는데 4월 28일 겨우 권총 11정을 가지고
왔을 뿐으로 전가신민단원과 함께 돌아왔다.[50]

라고 작성된 자료를 통하여 짐작해 볼 수 있다.

체코군단

청산리전투의 주인공 이범석 대장이 그의 회고록 『우둥불』(사상사, 1971)에서, 그
리고 만주지역 전문가 박영석 교수가 북로군정서 병사 이우석에 대한 사례연구[51]
를 통하여 밝힌대로 청산리 전투에 사용되었던 독립군의 무기가 주로 러시아의
체코군단으로부터 구입된 것이었다는 것은 널리 알려진 사실이다.

독립군부대들이 본격적인 무기구입에 나섰던 1920년도 전후시기의 연해주에
는 제1차 세계대전 때 오스트리아를 위해 러시아와 싸우던 체코군단이 출전해 있
었다. 그러나 오스트리아, 헝가리제국이 전쟁에서 패배하자 체코군들은 더 이상
러시아와 전쟁을 할 필요가 없게되었다. 이에 체코군들은 그들의 조국으로 철수
하면서 러시아로부터 제공받아 자신들이 갖고 있던 무기를 한국독립군들에게 매
매하였다.

이범석 대장은 체코슬로바키아 군단으로부터의 무기구입 사실을 다음과 같이
회고하고 있다.

블라디보스톡항에서 서유럽행 배편을 기다리고 있을 때 체코슬로바키아 군대는 한국
에서 독립운동이 일어났다는 말을 전해 들었다. 이들은 체코슬로바키아가 오스트리아
제국 식민통치 아래서 겪어온 노예 상태를 떠올렸고 우리에 대해 연민을 표시했다. 결
국 체코슬로바키아 망명군대는 그들이 보관하고 있던 무기를 북로군정서에 판매하기로

했다. 무기 거래는 깊은 숲에서 한밤중에 이뤄졌다. 이러한 무기들은 우리 진영으로 옮겨져 숲속에 무더기로 쌓아놓았다.[52]

일제의 자료들에서도 만주지역 독립군들의 체코군 소장 무기구입 상황 등이 종종 보인다. 즉,

불령선인 병기 밀수송의 건
대정9년(1920년-
필자주) 8월 9일
재 간도 말송길차(未松吉次)
보고

불령선인 신(申)이란 자는 항상 블라디보스토크로 출몰하여 주로 일번하(一番河) 모(某)처소 빙실(氷室)에 은닉 중의 체코군 총기 5만 정, 기관총 수척탄 5천 개를 소량씩 매입하여 아무르 만으로부터 비밀로 배에서 적출하여 중국 마차로 일단 반도하자(半道何子) 역에 운반하고 축차로 조선 영내에 밀송하고 있다.(체코 군의 매출하는 무기는 이 밖에 출킨 반도 아울러 루스키섬 어느 지점에도 은닉해 있다.) 또 신씨는 무기 밀송을 위하여 하얼빈에 있는 자기 아들 집에 들려 연락을 계속하면서 있었다.[53]

라고 하여, 블라디보스토크를 통해 체코군의 무기를 밀매하고 운송하는 것을 보고하고 있다.

또한 다음의 자료들을 통하여서도 체코군으로부터의 무기구입을 짐작해 볼 수 있다.

총기 운반
1920년 4월 6일 보고

박창호(朴昌浩)가 체코군으로부터 구입한 총 60정, 탄환 6천발은 29일 조일(趙一)이 휴대하고 조선인으로서 러시아 병적을 가진 5명의 호위를 받고 쉬코토우(블라디보스토크 동방 소성(蘇城 탄광선의 일역一驛인 쉬코토우) 방면으로 운반한 형적이 있다.[54]

김영선(金永璿)의
무기구입에
관한 건
1920년 8월 19일

김영선은 7월 중순 체코장교로부터 군총 300정, 탄약 수만발, 폭탄 1,600개를 구입해서 루스키섬으로부터 범선(帆船)에 적재해서 수분하구(綏芬河口)로부터 이도구(二道溝)에 운반해서 한상렬(韓相烈)의 손에 인도하였는데, 그 운송의 책임을 직접 담당한 사람은 김영선의 사위이다.[55]

한편, 체코군단과 한국독립군의 무기거래 사실을 일찍부터 파악하고 있었던 일본 군부는 이 문제를 체코 당국에 공식적으로 제기하였다. 이러한 사실은 하얼빈의 체코슬로바키아공화국 동시베리아 및 중국 담당관 Milos Hess가 러시아 주둔 체코슬로바키아군 사령관 Syrovy 장군에게 보낸 다음과 같은 메모에서 확인된다.[56]

오늘 하얼빈에 있는 일본군 간부가 체코슬로바키아군인들이 한국인들에게 무기를 판매하고 있다는 사실을 두 번 씩이나 나에게 주지시켜 주었다는 사실을 귀관에게 알려드립니다. Mulin(물린역은 목릉역-필자주) 역에 있는 일본군 사령관은 우리의 군인들이 도중에 한국인들에게 한 정당 130루불로 총을 팔고 있다고 일본군 부대에게 전문을 보냈다고 합니다.

일주일 전에도 러시아 임시정부의 연해주 대표인 Mr. Pumpyanski 가 같은 문제를 나에게 제기했는데, 그는 일본인들이 무기 거래에 대한 조사, 그리고 무기 거래 현장에서 체포한 우리 병사들의 문제를 매우 우려하고 있다는 내용의 기밀보고서를 갖고 있다고 말했습니다.

이에 대하여 나는 오늘 이 문제를 제기한 일본군 대표와의 사적인 대화에서 그 보고서는 일본과 체코 군부 간에 유지되고 있는 우호적인 관계를 파괴하려는 의도로 우리의 적들이 퍼뜨린 도발적인 루머라고 단호하게 언명 하였습니다.

그럼에도 불구하고, 얼마 전에는 중국 당국자와 러시아 총영사도 우리의 병사들이 주로 리벌버 권총, 수류탄 등을 중국인과 러시아 노동자들에게 판매하고 있다고 알려 주었는데 이는 유선전화로 내가 귀하에게 전해 준 바와 같습니다. 이것은 우리의 지역 정보당국도 조사를 통해 확인해 준 사실이므로 나는 귀하가 그것을 지적해 줄 것과 적절한 조치를 취해줄 것을 요청하는 바입니다.

육군 중령 Milos Hess

하얼빈, 1920. 4. 7
No. 7011
러시아 주둔
체코슬로바키아군 사령관
Syrovy 장군에게,

이 메모의 내용을 보면, 독립군과 체코군단 간의 무기거래는 공식적인 과정을 거쳐 수행된 것이 아니라 체코군단의 일탈적인 일부 병사들에 의하여 은밀히 수행되었다는 사실을 알 수 있다. 무기를 구입한 측도 한국독립군뿐만 아니라 중국인, 러시아인도 있었다.

독립군의 무기구입에 대한 일본 측의 심각한 우려와 경고 사실은 당시 발행된 체코 신문 『덴니크(Czechoslovak Daily)』의 보도에서도 확인된다. 1920년 3월 7일자 기사에 의하면, 이나하키 장군이 러시아 당국자에게 일본의 지배하에 있는 한국인들이 러시아지역에서 일본에 저항하기 위해 무기와 군수품을 구입하고 있다고 한 동년 1월의 경고에도 불구하고 무기거래가 계속되고 있다고 지적하면서, 만일 러시아 당국이 이에 대한 적절한 초치를 취하지 않는다면 일본군이 개입할 수밖에 없다고 경고하였다는 것이다.[57]

체코군단과 관련해서는 독립군과의 무기거래 외에도 사령관 중의 한명이었던 가이다(Radola Gajda) 장군과 임정 간의 친선과 협조 관계로도 잘 알려져 있다. 박은식은 『한국독립운동지혈사』에서 일본인의 야만적 행위에 대한 비난과 우리 독립지사들의 세계 각 방면에의 호소로 세계 각국이 우리의 독립에 동의 혹은 협력하고 있다고 하면서 '체코의 용장 카르타가 한국을 위하여 선전하다'라는 제하에 가이다의 한국 지지를 다음과 같이 소개하고 있다.[58]

체코의 카르다 장군은 1918년 시베리아 사령관이며, 체코의 육군총장이기도 한데 나이는 28세였다. 시베리아 혁명운동으로 불리해지자 그 직을 물러났다. 그가 상해를 거쳐 본국으로 돌아 갈 때 상해에서 수십 일 머무르면서, 우리나라의 안창호, 여운형, 이광수 등에 대해 극히 동정을 표하며 말하였다.
'저의 조국은 수백 년 동안 노예의 치욕을 입다가 오늘에야 다시 살아나게 되었습니다. 귀국이 독립선언은 역사상 보기 드물게 보는 애국심과 용기입니다. 세계 각국은 모두들 대단히 경탄하고 칭찬하는데, 그 중에서 우리 체코 국민들이 가장 많이 감동하였습니다. 저는 깊이 귀국의 앞날이 크게 빛나기를 바랍니다. 그리고 아직은 일본의 압박 밑에 있으나, 세계 대세는 이미 일본의 군국주의를 허용하지 않는 시기입니다. 귀 국민이 어쨌든 통일, 인내, 용전(勇戰)의 세 가지로 진행하노라면 독립 완성의 날은 멀지 않을 것입니다. 저는 가장 친한 우방의 한 사람으로서, 말하고 싶은 것은 귀 국민들이 안으로 결속을 공고히 하고, 밖으로 선전에 힘쓰면서 마지막 용감한 일전을 준비해야 합니다. 제가 구주로 돌아가는 날에는 마땅히 필설로 귀국의 독립운동을 선전할 것이며, 같은 부활의 국민으로 인도와 자유의 의무를 위하여 행할 것입니다. 바라건대, 귀 국민이 저를 동지로 여기시고 함께 피차가 독립 국민의 영광을 누립시다.

가이다는 상해임시정부가 발간하는 『독립신문』과 두 번에 거쳐 인터뷰를 하기도 했다. 첫 인터뷰는 1919년 10월 25일자 '시베리아군 쇄운(衰運 : 쇠락하는 운수-필자주)라는 제호의 기사로 실렸다.

서백리(西伯利)에 체재중인 치크군사령관 가이다장군은 근일 코르착 제독과 의견견합하야 전선에서 퇴(退)하야 잇는 중(中)이라. 모보 기자예게 대하야 좌와 같이 말하다
「목하 서백리에는 전선이 잇다 할 수 업다. 과격파군이 진출코져만 하면 일기(一氣)로 옴스크(서백리정부수부)까지 점령하기는 용이하다. 서백리의 자치회 이하로 각 계급이 다 서백리정부를 반대하는 중이니 전제주의인 코르착의 패멸도 근일에 재하리라. 최근 정부측은 과격파의 만행을 각지에 선전하나 과격파군은 비교적 훈련이 잇슴으로 하등의 폭행이 업고 도리혀 서백리군이 만항이 만타 운운」
이로써 관(觀)컨대 서백리정부의 몰락은 목전에 유하고 장차 일본의 가장 공포하는 과격파정정(府)가 설립되여 제국주의적 야심은 서백리평원에서 진탕(盡湯)되고 질서도 회복함에 지(至)하리라고.

가이다의 두 번째 인터뷰는 시베리아를 떠나 체코로의 귀국길에 상해에 머무는 동안 이루어졌다. 이 시기의 가이다는 이전의 입지를 상실한 상태였고 신생 체

코슬로바키아에서 무엇이 그를 기다리고 있는지 아무 것도 모르는 매우 불안한 상황이었다. 그럼에도 상해에 온 가이다를 임정 요인들은 성심으로 영접하고 환대하였다. 임정 요원들이 가이다가 처한 입장을 얼마나 이해하고 있었는지는 알 수 없으나 그와 신생 체코슬로바키아에 대한 기대는 변하지 않은 듯하다.

사실 파리평화회의를 통해 한국이 처한 입장을 세계에 알리고자 했던 임정 요인들의 기대가 처절하게 외면당할 수밖에 없던 상황에서 우리 이야기를 듣고 전할 수 있으리라는 기대를 갖게 하는 상대를 만난다는 것은 놓칠 수 없는 소중한 기회였을 것이다.[59] 인터뷰 원문은 다음과 같다.

西比利亞의 勇士로 채크國 建國元勳의 一로 令名이 世界에 聞한 까이다 將軍은 海參威 革命事件에 失脚하야 橫暴한 콜차크提督에게 怨恨과 憎惡의 一眄를 주고 更生한 故國으로 向하는 길에 上海에 들녀 數旬間 아스터旅館에 滯在하다가 日前 出發歸國의 路에 登하다

記者는 昨年 十二月 中旬 까將軍抵滬의 消息을 聞하고 곳 書信을 呈하야 面會를 請하엿더니 二日後에 好意로써 承諾하는 回信이 來하다

約束의 日에 將軍을 旅館에 訪問한즉 容貌端稚한 一靑年將官이 微笑로써 記者의 手를 握하니 實로 一面如舊라 들은즉 將軍은 只今 二十八歲의 靑年이라 陸軍少尉로 出征하엿다가 一九一八年에 西比利軍의 司令官이 되고 因하야 更生한 祖國 채크民國의 陸軍總長이 되다

寒暄이 畢하매 將軍은 極히 熱誠잇는 態度로 如左한 談話를 我國에 부치다--
「아아 나의 祖國도 數百年 奴隸의 恥辱을 當하다가 只今 復活하엿소 昨年 三月에 貴國이 獨立을 宣言하고 歷史에 類例를 不見하던 勇氣와 愛國心을 發揮함을 볼 때에 世界가 다 놀내고 稱讚하엿겟지마는 그 中에 가장 깁흔 感動을 밧은 者는 아마 우리(채크)國民이엿슬 것이오 그때로붓터 나는 貴國 獨立運動의 進●을 同情과 祈禱로써 注目하엿더니 오늘 여긔서 韓國人을 맛나니 엇지 반가운지 모르겟소」
「나는 貴國의 前途를 赫赫한 希望으로 보오 只今은 비록 日本이 貴國을 壓迫할지나 世

界의 大勢는 이미 日本의 軍國主義를 容納할 時期가 지내엿소 그러닛가 貴國民이 統一
과 忍耐와 勇戰으로써 나아가면 獨立을 完成할 날이 不遠하리라하오」
「나는 가장 親하여야 할 友國의 一人으로 貴國民에게 告하려 하오 그것은 안으로 굿게
結束하고 밧그로 힘잇게 宣傳하야 勇壯한 最後의 一戰을 準備하라 함이오」
將軍은 그 淸朗한 音聲으로 一時間 以上이나 談話하다 그 中에는 發表키 難한 句節도
잇거니와 最後에
「나는 歐羅巴에 가서 筆로 舌로 貴國의 獨立運動을 宣傳하겟소 갓치 復活하는 國民의
誼誼로 人道와 自由를 爲하야 人類의 義務로. 願컨대 나를 貴國民의 同志로 알으시오
내 好意를 貴同志에게 傳하여 주시오」 하고 다시 맛날 때에는 彼此에 榮光잇는 獨立國
民으로 하기를 約하고 길게 握手하다
翌日에 安總辦과 將軍과의 長時間의 談話가 有하엿고 呂運亨氏와도 兩次會見하야 懇
談이 有하다
出發時 埠頭에서 呂運亨氏의 來함을 보고 通譯을 隨하고 船에서 나려와 「聖誕節에 주
신 善物은 永遠히 紀念하고 내 國人에게 자랑하겟소」 하며 다시금 우리의 끗까지 健鬪
하기와 自己는 우리의 同志로 歐洲에서 힘쓸 것을 約하다.

풀어서 요약하면 "체코 민족도 몇 백년간 예속을 견뎠고 지금 다시 살아났다. 3
월에 한국이 독립을 선언했을 때 세계 각국은 놀라워 했다. 체코 민족이 제일 깊
은 인상을 받았을 것이다. 나는 한국의 앞날을 희망적으로 본다. 지금 일본 군국
주의는 용납되지 않는다. 용기 있게 나아간다면 독립을 달성할 것이다. 나는 돌아
가면 유럽에서 한국 독립운동에 대해 알리겠다. 다시 만날 때면 두 민족 모두 독
립국가가 되어있기를 바란다."는 내용이다.

『덴니크』 등 체코측 사료에서 언급된 내용을 근거로 하여, 한국독립군과 체코
군단간의 무기거래나 임시정부와 가이다의 관계를 비판적으로 해석하는 주장도
있다.[60] 그에 따르면, 독립군들이 총포와 탄약, 그리고 수류탄 등 체코군단으로부
터 구입한 무기는 체코제가 아닌 다양한 출처의 '체코군단이 소지하고 있던' 무

기였다. 또한 군단이 독립군에게 무기를 판매한 것도 그들이 한국의 독립를 지원하고 독립에 도움이 되리라고 생각해서가 아닌 단순한 무기처분 과정이었다. 체코군단의 무기를 구입한 사람들은 독립군 외에도 중국인과 러시아인 등 다양한 민족과 계층의 사람들이었기 때문이다. 그리고 무기 판매 행위도 체코군단의 공식적인 승인 하에서가 아닌 소수 군단병들의 일탈된 행위로 이루어졌다.

가이다 장군의 여운형 등에 대한 환대와 한국독립에 대한 지지 표명, 그리고 귀국 후에도 필설로 한국 독립의 당위성을 알리겠다고 했던 약속 등에도 신중한 검토가 요청된다는 학계의 의견도 있다. 부관 한츠를 대동시킨 열차로 귀로의 여운형을 호위해 주었다는 사실은 매우 이례적인 것이지만, 밝혀진 바 체코 귀국 후의 가이다의 행적에서 크게 주목할 만한 내용이 없는 것으로 보아 그의 진정성을 믿기 어렵다는 것이다. 그러나 한국독립군으로 넘어온 무기 중 일부는 가이다가 지휘하던 부대의 무기였을 가능성도 배제할 수 없다고 추정하기도 한다.

비판적 해석과는 별개로, 임시정부의 가이다 장군에 대한 기대가 컸던 것 자체는 사실일 것이라 짐작된다. 당시 세계정세상 파리평화회의 등 국제사회에서 한국의 입장을 이해하고 대변해 줄 나라는 찾기 힘들었다. 거의 모두가 한국인의 적인 일본의 우군들이었다. 그런데 유럽의 신생국가 체코공화국의 유력자로 보이는 가이다가 우리를 이해하고 동정을 표명하였다는 사실은 임정 요원들에게는 대단히 고무적인 일이었을 것이다. 임시정부가 체코 독립기념 은컵을 제작하여 가이다에게 선물한 것도 바로 그러한 맥락에서였을 것이다.

독립군에게 무기를 제공해준 체코 가이다장군
(조준희제공)

가이다장군 묘소(조준희제공)

가이다장군 회고록 『나의기억』, 1920(조준희제공)

체코군 추모비(블라디보스토크)

체코군 사령부(블라디보스토크)

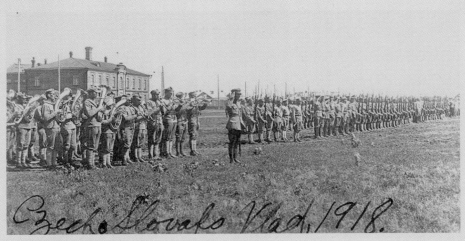

체코슬로바키아 군단(1918)

사열중인 체코슬로바키아 군단(1918, 블라디보스토크역)

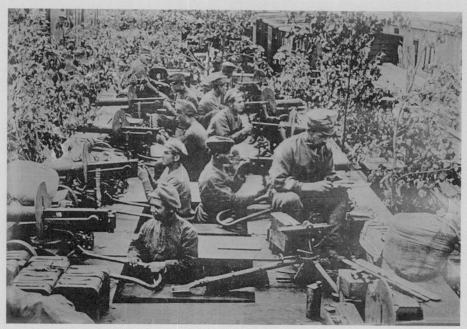

체코슬로바키아 군단의 무장열차

시베리아의 체코군

러시아혁명군에게 무기를 건네는 체코군(1918. 3, 펜자, 심헌용 제공)

베젠축역전투후의 체코패잔병들
(1918. 6 .1, 심헌용 제공)

제1체코포병여단 제2대대 코드돈역 전투(1918. 11. 16, 심헌용 제공)

1919년의 체코신문과 2018년의 한국신문

1. 체코신문 『덴니크』의 보도

최근에 들어와 한국-체코 관계를 한국독립군-체코군단과 연결시켜 우리의 관심을 환기시켜 준 사람은 올샤(Jaroslav Olsa.Jr) 전 주한체코대사이다.[61] 역사학을 전공했던 그는 한국대사로 부임하면서 두 민족 간의 역사에 대하여 많은 자료를 찾아냈는데, 그 중에는 『덴니크(Czechoslovak Daily)』에 실린 3·1운동에 관한 기사, 무기거래와 관련한 기사도 포함되어 있다. 그는 한국 신문과의 기고나 인터뷰를 통해 1919년의 여운형과 가이다의 만남, 그리고 가이다의 부관 한쯔(Josef Hanc)의 역할 등을 소개하면서 이 만남의 배후에는 윌슨 대통령의 측근이자 Masaryk의 지인이었던 Crane의 역할이 있었다고 주장하기도 하였다.[62]

올샤 대사는 1900~1950년 사이에 체코인이 기록한 한국관련 자료 15점을 서울역사박물관에 기증하였는데 그 중에는 『덴니크』 원본도 포함되어 있다.

『덴니크』는 3·1운동이 일어난지 17일 만인 1919년 3월 18일자에 3·1운동 사실과 내용을 처음으로 보도하였으며, 이후에도 2번을 더 기사화하였다. 『덴니크』의 보도 내용은, 고종황제의 국장과 함께 시작된 3·1운동의 상황과 그에 대한 일제의 진압에 관한 것이다. 이것은 당시 3·1운동이 중국, 미국, 터키 이외에 체코슬로바키아에서까지 보도되었음을 밝혀주는 중요한 자료이다.[63]

『덴니크』 1919년 3월 13일자에서는 아무르강 지방의 볼셰비키와 일본군의 움직임도 다루고 있다. 이 날자 신문은 옴스크(Omsk)에서 인쇄되었다. 옴스크는 시베리아 한복판에 있는 도시다. 이후 신문은 동시베리아 노보니콜라예브스크(Novonikolayevsk)에서 발행되었고 다시 바이칼호 인근 도시인 이르쿠츠크(Irkutsk)에서 간행되었다. 신문의 인쇄처가 옴스크→노보니콜라예브스크→이르쿠츠크로 바뀌는 것은 체코군대가 서쪽에서 동쪽으로 이동하고 있었다는 것을 보여준다. 보도내용은 다음과 같다.(서울역사박물관 제공)

Roč. II. Čis. 60. (327) Omsk, ve čtvrtek 13 března 1919. Cena 20 kop.

ČESKOSLOVENSKÝ DENNÍK

ЧЕСКОСЛОВАЦКІЙ ДНЕВНИК

Československá republika.

Od ministerstva zahraničních záležitostí.

Ministr zahraničních záležitostí československé republiky dr. Beneš poslal z Paříže dne 2. března t. r. plnomocníku Bohdanu Pavlů v Omsku tento telegram:

Od 1. do 9. března provádí se uvnitř československé republiky okolkování bývalých rakousko uherských papírových korun, za tím tak naše valuta byla oddělena od valuty meckorakouské a uherské. Za tím účelem uzavřeny do 9. března hranice Československé republiky.

Pro československý obchod otevřena v Praze samostatná bursa.

Mezi Paříži a Prahou zavedeno přímé spojení železniční přes Šýcary d'akrát týdně.

Pařížská agence „Havaš" jest v přímé výměně telegrafických zpráv s československou kanceláří v Praze.

Zřízen samostatný československý červený kříž. President jmenoval chefem červeného kříže Dra Alici Masarykovou. Výpomoc lékárky je na cestě z Anglie do Prahy.

Při volbách do národního shromáždění německého Rakouska ve Vídni páchány velké násilnosti proti československým kandidátům. Čeohoslovei i přes to soustředili více než 65 tisíc hlasů a mezi poslanci zvolen Čech Dvořák, chefredaktor „Dělnických listů".

Sčítání lidu v Brně dokázalo značné českou většinu města.

Všeobecné sympatie národa k československé armádě v Sibiři dokazuje jednáni národního shromáždění v Praze o zákonu na hmotné zabezpečení československých vojsk za hranicemi i jejich rodin do budoucnosti na náklad republiky.

Pomýšlíme stále na Vaši situaci a doufáme, že v krátké poměrně době bude možno dohodnouti se o definitivním vyřešení Vašeho postavení — hned jak bude podepsán prelimárni mír. V několika nedělích učiníme náležité kroky. Bez ohledu a Paříž nečiňte žádných zásadních rozhodnutí.

Dr. Beneš.

Druhý telegram.

Kromě uvedeného přišel ještě tento telegram ministerstva zahraničních záležitostí, datovaný z Paříže téhož dne:

Ve velkých střediskách republiky stav, pokud se týká potravin, je nedostatečný. Náklady zboží již však přibyly do Terstu, drahé náklady, pravděpodobně americké, budou zajištěny po jmenování představitelů Anglii, Francii a Italii do Prahy.

Francie a Anglie dovážejí své zboží, potřebná našim zemím.

Nehledíc na hmotnou bídu poměry se zlepšují hlavně zásluhou presidenta Masaryka.

Sněm přijal nové zřízení obecní s rovným s poměrným hlasovacím právem, jakož i zákony o lidových přednáškách republikánských.

Zasílání korespondence do Sibíře přes Ameriku bude obstaráno.

Slávka ve zněmčeném území Čech se nezdařila.

Paříž 7.-3. Z Prahy se sděluje, že generální slávka ve zněmčeném území Čech se nezdařila. Ve všech německých podnicích i na železnicích pracuje se bez přestání a všude panuje naprostý klid. (Pozn. red. Je možné, že provokační živly mezi Němci v Čechách z lítosti nad tím, že státní převrat v československých zemích odehrál se tak bezbolestně a ukázněně a ze závisti, že každý československý občan přikládá ruku k dílu, aby první vítězství bylo upevněno a došeno i druhého, t. j. zabezpečení úplné nezávislosti nového státu, zatím co v Německu řádí anarchie, pokusily se o vyvolání nepokojů. Zpráva naše svědčí o tom, že tyto živly představovaly i mezi Němci v Čechách mizivou menšinu a již pokus skončil úplným fiaskem.)

Z vypravování zajatců.

Gavriel Idokov byl v květnu 1915 v Karpatech raněn a vzat Rakušáky do zajetí. „Byl jsem — pravil —odeslán do nemocnice do Brna Medicinský personál, v jehož čele byl profesor Čech, choval se k nám velice pěkně. Z nemocnice odeslali mne na práci do českého mlýna blíže Brna, zde jsem žil velice dobře. Zaměstnavatel nakládal se mnou ne jako se zajatcem, nýbrž jako s každým druhým svým dělníkem. Stravu dostával jsem tutéž, jakož i mzdu dostával jsem tutéž, jako on platil 2 K denně. Za celou dobu pobytu u tohoto zaměstnavatele nikdo mi ani slovem neublížil.

Ze politického převratu v československých zemích byl jsem svědkem nadšených manifestací, které byly projevem radosti nad osvobozením Čechoslováků od nenáviděné rakouské vlády. Náš hospodář při té příležitosti nařídil zastaviti práci na tři dny a vybídl mne, abych se súčastnil průvodu, který byl v místě nařádán. Dojmy, které jsem si z průvodu odnesl, jsou nezapomenutelné. V prvých dnech listopadu (datum již nepamatuji) konala se v obci schůze, na níž řečníci vysvětlovali přítomným politickou situaci doma i za hranicemi. Vyzvali přítomné, aby vzorná stáli za svým vedením a aby pokud možná všemožně svůj československým vláda. Všichni přítomní prohlašili spontánně, že v případě napadení nepřítelem, ani se zbraní v rukách budou hájiti svoji svobodu a nezávislost československého státu"

„Nabažeství nelze vnucovat. Musí býti osobním přesvědčením."

Na bolševických frontách.

(Přehled za dobu od 17. února do 28. února t. r.)

2. Na jihu a na východě Ruska.

Ukrajina nadále zůstává šťastným bojištěm pro bolševiky. Vyjednávání, které bylo vedeno v Moskvě se sovětskou vládou jménem Vynnyčenkova direktoria, byla přerušena náhle vznikou krisí v ukrajinském direktoriu, jehož výsledkem byl odchod Vynnyčenka z direktoria a vítězství Petlury, který je proti vyjednávání s bolševiky a dle všeho vede politiku spojenecké orientace a úplné podléhá spojeneckému vlivu. Dle bolševické zvodky z 19. února t. r. části sovětské divise, rozkílené v Kyjevě, přišly 12 února do nástupu a v 20 verstách západně Kyjeva srazily se s plukem Petlurových „sičvikú", kteří ustoupili teprve po dvanáctihodinovém houževnaté mentém boji. Sovětské vojska rozvileji se ní operace na západ i na jih od Kyjeva na všeobecném směru na Holič a Černé moře. Na trati Kyjev Sarny bolševici dobyli důležitého uzlu, obsadivše stanici Korostěn, kterou dlouho zatlurovci hájili as s kterou zrázejí celou trat Kyjev-Sarny, Ataman Grigorjev, který zradil Petluru, přešel k bolševikům, postupuje na Cherson a Nikolajev. 20. února obsadil stanici Pomošcnou (a železničního a města Novomirgrod (severozápadně Jelisavetgradu). Soukromé zprávy bolševické hlásí obsazení Nikolajeva, ale do 28 února tato zpráva úředně potvrzena nebyla (pozdější zprávy nemáme) Centrem ukrajinského boje proti bolševikům je východní Halič a ruské kraje k ní přiléhá a od tud lze tedy očekávati rozhodující výsledek zápasu o Ukrajinu.

Na jižní frontě trvají velmi prudké boje mezi vojsky gen. Krasnova a bolševiky. Zřejmého úspěchu dobyli bolševici v rajoně Caricyna, u něhož na široké 150 km frontě postoupili od Volhy k řece Donu a na trati Caricyn-Lichaja přešli na pravý břeh Donu. Současně postoupili bolševická zdka bez větších bojů na jihozáp. od Caricyna počel trati Caricyn-Tichorěcka a od trati dle středuy z 28. února u stanici Aksaj (v 130 verstách od Caricynu). Za to narazila sovětská vojska na velmi tuhý odpor Krasnovo (on koráků v rozvodí řeky Donce. Ještě v polovici února bolševici obsadili Bachmut (odrůha jim syrvary) a k 20. únoru zmocnili se již stanice Long (eva a trati Popassnaja-Niktovka (třicet verst východně Bachmutu) a severně Bachmutu na jihovýchod od Bachmutu obsadili stanice Krakovo a Orjechovo (15 verst jihozáp. Pervovolnoky) v postupu podél železnice na jih od Bachmutu budou hájiti svoji svobodu v všeobecném směru na Novočerkaosk. V tomto rajoně Donce setkili se však již příštího dne a protinástupem kozáků vede ým s jihovýho d od Donu a v východu od železnice Millerovo-Kamensk (na řece Donci) a po dvoudenních bojích stojící a rovněž i profesor Lincoln Hant Cainson z kalifornské university, který jest zástupcem pomocné akce v Praze.

Čcheidze a Ceretteli o samostatnosti Gruzie.

Paříž 8.-3. Radio hlásí, že dva vůdcové ruské revoluce, Čcheidze a Ceretteli, kteří hráli významnou úlohu za začátku ruské revoluce, právě přijeli do Paříže, aby před odžili mírové konferenci požadavky Gruzie. Dle "Petit Parisien" prohlásili: "Gruzie může se dnes spravovati své zaležitosti a chce býti uznána jako nezávislý stát. Jsme u mírného a pokroková demokracie. V naší vládě jsou: 6 sociálních demokratů našeho směru, 2 socialisté-federalisté, 1 socialista revolucionář a 1 nezávislý. Vláda se zodpovídá před sněmem, v němž jsou zastupci všech směrů. Duch západu má vždy vliv na veškeré naše tradice literární a umělecké. Naše země byla připojena k Rusku pouze proto, aby se mohla společně hájiti proti Turecku. Z národopisného stanoviska náležíme zvláštní skupině, nebot nejsme Slované. Se stanoviska zeměpisného máme přirozené hranice: Kavkaz. Z hospodářského stanoviska naše země byla vždy prostředím zvláštní a usilovné tvorby našeho 3 a půl milionového národa, který je větším než zeměděláský. Naše země je šekrát větší Belgie, máme svoji universitu, kulturní centrum v Tiflise, mluvíme vlastním jazykem a hájíme svoji nezávislost proti nepřátelům své rasy i protivníkům demokracie. "roto pochopíte, proč vášnivě lneme k samostatnosti."

Úřední zprávy.

Cesta ministra vojenství.

Plnomocník Československé republiky v Ru u Bohdan Pavlů dostal tento telegram:

Generál Štefánik posílá pozdrav československému vojsku z Port Saidu (přistání ito v Suezském kanálu a Egyptě) 7. března. týden bude v Paříži.

nes, po deseti letech, vidím jeho mladou vlasou paní, básníka tuláka Karla To- který se tehdy právě vrátil z pěší po Francii, básníka Fráňu Šrámka, sešit básní "Života bídy, přece té mám jsme uměli nazpaměť, jednoho anar- u Slovince, podnájemníka Vrbenských, ika anarchistu Fialu, jednoho malebo řa a chandelatoh blavou, propagátora chismu z Ducbcovska, Josefa Krause, krásné, nezapomenutelné děvče Š. Ž několik akademiků.

omný pokojík Vrbenských v takovém o ozýval se smějící hlas, smíchem a em. Zadumčivý anarchista Slovinec, ; mčl povahy evangelicky čisté, uchat úryvkovité vypravování Toma- o jeho návštěvě různých zemědělských h anarchistických ve Francii, energický, vní Krause mčl zvedě vytýkal, že če- sociálistická inteligence mezi čdvaby it se za zjevný republikánský pro- Mně zase ležala v hlavě "revise re- "novorealismus", smíření individua- se socialismem, tedy na fakultě atd. malý širokopisový muž, ponevívaže vyrovnaným vnitřním klidem, který Jeho poznámky byly krátké, rosté. Vrbenský, který mně připo- vy starší než skutečně byl.

Zatykač.

Polní soud č. 3 Československého vojska na Rusi, t. č. na stanici Makušina, blíž Kurgánu, vydává tímto na základě oznámení velitele 11. českoslov. střel. pluku ze dne 12 února t. r. čís. 580 zatykač na svobodníka 11. setniny téhož pluku Jos. Kovaáče, nar. r. 93.722, dne 18. dubna 1890 v Budapešti a narozeného a tamtéž přislušného, svobodného, kovaře, Slováka, 6t hné postavy, černých líci, neumějícího šiti ani patti, se stánkové střelecké zradění k volovité namení kottí na levé ruce, mluvícího dobře maďarsky, málo slovensky a špatně rusky, poderzelého ze zločinu desence, jejž se měl dopustiti tím, že dne 3. února 1919 asi pal hodiny před odjezdem svého vlaku ze stanice Kropačevo po ohlášení okolnosti té dezerním poddůstojníkem záhadně zmizel a cd té doby je nezvěstným.

Všem příslušníkům Československé republiky a vojska se ukládá, mluvením svobodníka kukoliv a kdykoliv zatknouti a pod stráží k Polnímu soudu č. 3. při štábu 1. střelecké divise dáti dopraviti.

Předseda Polního soudu č. 3: Frant. Kroutil, m. p.
Tajemník Polního soudu č. 3: Josef Tahela.

Z sovětského Ruska.

Spiridonova do sanatoria. V procesu o posledním spiknuti (červencovém) levých eserů vynesl vrchní revoluční tribunál rozsudek, v němž sice přiznává Sauridonovej í hanobení sovětské vlády za provázenou, nicméně se zřetelem na abnormální stav obžalované omezil se odstraněním jejím z veřejného života, isolovati ji na rok v sanatoriu, při zárnce, ze bude jí možno tam zůstati se surovou činností a tělesnou prací.

Styk se Spartakovci. V plenárním zasedání moskevského soveta vystoupil s podravem od Spartakovců zástupce darfského výboru Albert.

"Válečná daň od sedláků". Černigovský gubernský revoluční komitét rozeslal všem selským "revakomům" rozkaz o zdanění obyvatelstva dávkou obilí dle počtu dejatin ve prospěch vojenských částí. Mají hospodářství do 8 desjatin od daně osvobozují.

Bolševická akademie generálního štábu. V Moskvě byla s´avnostně otevřena akademie generálního štábu. S velikou programní řečí vystoupil Trocký. Podrobně prvem každé armády s přímý nejvyhnutelnějm prkem každé armády s přesný vznik z akademie generálního štábu, jevíc se jediní z vojenských ústavů, má býti tísí průkopníkem revoluční-komunistické politiky.

Pomřry v Moskvě. Jakýsi pan O. opustivší Moskvu, liči v "Dalné Okrajiné" moskevské poměry takto: Tři veliké pomníky v Moskvě gen. Skobeleva, Alexandra II. a Alexandra III. jsou sníženy. Ponevádž je pomník Skobeleva nedal překotiti, byl

svým vzrůstem a seriosností, dělal hospodáře a hostitele s bodrým klidem a s úsměvem usedlejšího občana. Pak jsme si i zazpíval a vnímala Štěpánka otvírala své velké modré oči ke divy svět literátů, studentů a "anarchistů", kteří nebyli nijak strašlí, ba naopak, tak krotcí a laskaví!

Po doktorátě odešel Kraus brzo do visohradské okresní nemocnice, kde pracoval s drem Haeringem, nyní naším armádním lekařem na Rusi a dr Vrbenský byl sáda ve Spalené ulici na subatituci. Později uahájili společně s Krausem zubní lešení na Tylově náměstí a jejich atelier byl brzo veliče oblíban. Ještě před válkou se zase rozdělíli, Vrbenský tam zůstal sám a Kraus se zařídili v Krakovské ulici.

S Vrbenským jsem se vidal poslední léta již méně. Asi v r. 1912 upozornil na sebe Vrbenský i širší veřejnost otištěným B. zaním veseche antimilitaristy inženýra B., zavřeného pro velezradu na povnutí, kam si V. vymohl kategorický přístup. Tehdy i tiskem proběhla tehdy o případu zprava. Hnutí českých anarchistě, které mělo půdu jen z nepatrné části dělnictva v uhelných anoch a které bylo silně kompromitováno odsouzením svého vůdce Vohryzka pro podloudnictví, bylo mi úplně cizí a úloha Vrbenského v něm není mi blíže známa.

Z našeho vojska.

Oslava 69. narozenin Masaryka v Krasnojarsku.

Krasnojarsk 11. března. Výročí narozenin presidenta Masaryka bylo v Krasnojarsku oslaveno přehlídkou československého vojska konanou za přítomnosti ruských, italských a anglických zástupců. V občestveném sobrání byl dán oběd, jehož se sučastnili: štáb 3. divise, důstojníci 10. pluku, zástupci ruských vojenských, občanských a samosprávných úřadů, zástupci Italů, Francouzů, Angličanů, Američanů a Poláků. Důvěrník československé vlády Velechovský v krátkém proslovu na českém, slovenském, ruském, anglickém a polském jazyku připomenul života a záslub presidenta Masaryka. Velitel 3. divise prones procítený připitek jménem československého vojsku. Nadšeny připitek v čest presidenta Masaryka prones velitel italského oddílu plukovník pane Fassini-Cammossi. Člen anglické vojenské misse vřelými slovy ocenil významnou činnost presidenta Masaryka i pro válce. Připitky ruských zástupců plukovníka Malychina, podpl. Jasenského, starosty jeniselského kozáků, starosty města Krasnojarska a předsedy guberanského zemstva, vyřé v mohutný akord bratrské lásky k presidentu Masarykovi a Čechoslovákům a slavmostného sklibu - věčné vděčnosti a přinesené námi těžké oběti ve prospěch osvobozujícího se Ruska.

Měl jsem dojem, že Vrbenský prošel tím proudem a že vyprácuje v levého sociálistu. Jeho osobní nezištnost, láska k pravdě, silná vůle a celý zevnějšek určovaly jej k veřejné činnosti a zdá se, že válka tuto krystalisaci urychlila.

Naposledy slyšel jsem jej asi na jaře 1914 v na schůzi "Filosofické Jednoty" pražské v debatě o otázce náboženské s prof. Marešem, drem Rádlem a mladým publicistou drem A. Fuchsem. Tehdy vyrakoval Vrbenský proti zjevení, argumentoval Darwinem a naturfilosofií.

Tehdy byl shromáždění téměř neznám. Ale pětiletá vojna, která nás všecky drží v kleštích a zamíchala dúkladně kartami osobních osudů, přivedla patrně Vrbenského do politické aktivity ve straně socialistické. A veliký převrat ve vlasti na podzim roku 1918, po pádu starého Rakouska, vynesl jej na místo ministerské.

Je to opravdu on? Zásobování sice není jeho obor, ale dobrý aparát úřední potřebuje u nás jen poctivý a spravedlivý dozor a kontrolu. A tento bývalý proletářský venkovský synek to snad dovede. Nechť tedy je zdraví zásobuje země naší republiky!

Pvl.

『덴니크』 1919년 3월 13일 제327호 기사 2면

Roč. II. Čís. 38. (305). 　　 v pátek 14. února 1919. 　　 Cena 20 kop

ČESKOSLOVENSKÝ DENNÍK

ЧЕСКОСЛОВАЦКИЙ ДНЕВНИК

Řeč ministra vojenství

československé republiky, generála Štefánika.

Bratři prvého československého úderného praporu!

Bylo mým vroucím přáním odevzdati prvním československým úderníkům osobně prapor, symbol věrné družnosti, vojenského ducha a oddané lásky k vlasti.

Červená barva připomíná Vám krev, již byla vykoupena svoboda našeho národa, barva bílá je Vám výzvou, že duše československého vojáka má zůstati neposkvrněna, chceme-li si uchrániti poklad svobody. Harmonicky spojené erby Čech, Slovenska, Moravy a Slezska hlásají světu, že národ náš od Šumavy k Tatrám je za vždy člen a spojen láskou a zájmy. Znaky úderné pod zkratmi iniciálkami mluví za Vás: že česká severní úderníci přivykli v nejtěžších srážkách patřiti otevřeným hledím smrti v tvář.

Avšak jako váš znak je pouze spojencem části celého praporu, pamatujte, že Vy také nejste než jeden z živých článků naší jednotné armády. Válečná vlajka československé armády je prostě barva bílá a červená v podobě klínu, jím jsmali jsme ledy nepochopení a nepřízně, zášti a zloby. Bílá a červená naše barva skví se na modrém pozadí jako na blankytné obloze, z níž bohdá navždy zahnány mraky poroby.

Tento prapor dostáváte tisíce kilometrů od drahé vlasti, v blízkosti nicméného nepřítele. Vy, zasadili jste mu již nejednou těžké rány, je však mální poraziti ho na hlavu. Vy víte, kdo jest tan nepřítel, Vy víte, proč nesmíte ustati v boji s ním, dokud není úplně zdrcen.

Národ náš vždy soustavně, houževnatě hájil ideu vznešené spravedlnosti a vědomí, že ideálu toho dosáhne disciplinovaným úsilím, vroucností a pravdivostí duše. Myšlenka svobody, myšlenka boje proti násilí vždy ... slatá ať všemi zbožnými naší mi

nulosti, dobou Husitskou a Žižkovou, dobou Komenského a Havlíčka, a dobou dnešní, již historie nazve snad Masarykovou. Dnes zrovna tak, jako před pěti a třemi sty léty bojujeme proti nepořádku, svévoli, násilí, dnes, jako kdykoliv jindy náš národ procitl a uvědomil si svoje historické poslání.

Usilujeme o řešení všechulských problémů, usilujeme o triumf pravé lásky. V mluvě národní toto úsilí nazýváme demokratismem. Ano, chceme společnost organisovanou, chceme pořádek, tudíž soudy, systematickou kontrolu jednotlivce, chceme vědu, jež by nám dala dostatečky prohtil se temnými pralesy lidské nevědomosti a lidské bratrality, chceme umění, jež by zušlechtilo náš život, chceme království nekráčavého principů morálky, jejíchž září-jediné duše se rozvíjí a může se usmívati, chceme náboženství čisté lásky, po níž žízní lidská duše.

To všechno jsme chtěli a chceme, máme tudíž plné právo zváti se národem demokratickým. Hrubé nadvisí si násilí, jmenovité německo-maďarské přinutilo nás opustiti rodné naše krovy. Kavolta bude proti starému nepříteli, ať se jeví v hávu Viléma neb carů tvorcí lózy, tiskne nám zbraň do rukou i dnes, kdy část bojovníků jiných národnosti mhlá se vrátiti k rodnému krbu.

Vy rozumíte, že musíte zůstati nepřemožitelnými nepřáteli bolševismu. Bolševism je negace demokratismu, bolševism mluví, křičí, řve — demokracie mysli, poučuje, přesvědčuje, bolševism buráci nejnižší pudy, demokracie apeluje na čest a svědomí, bolševism stahuje blišnima kožich, demokracie šije plášť pro všechny, i pro chudasa, bolševism dává lidem pělenku a dýku, demokracie — zladivo a pluh, bolševism háze protivníka do něčky, vytahuje ho z vězení a ubijí, demokracie konstatuje, leč, po případě trestá, napravuje, bolševism uznává-jde duše za vý

body a tvoří strany banditů a saktářů, demokracie účastní všechny ve výhodách po právu. Bolševism tot rozklad, bída, hlad. Demokracie tvoří, jest základem normálního života a blahobytu. Bolševism jest oslňující záblesk třaskaviny, demokracie — zářivý maják spásy. Bolševism jest nepřítelem lidstva a musíme se proti němu bojovati.

My musíme býti hrdi, že po boku nejdemokratičtějších zemí spolupůsobíme při vybudování nového krásnějšího světa. My dostojíme tomuto úkolu, nezaviráíce oči před překážkami. Situace jest velmi složitá, Vy ji znáte; my si dobře rozumíme. Věřte, chápou nás také spojenecké velmoci, jež dokazaují svými přítomnými zástupci shodu světové demokracie s námi.

Vy, českoslovenští úderníci, ďli jste vždy chrabře, neochvějně, bezpodmínečně za blísem svědomí a plníli jste i těžké příkazy národa. Československá vláda vzdávajíc s představiteli spojenců čest vědomá praporu, vzdává hold vojínu, jenž pochopil vznešené principy lidskosti, principy vší formulované demokracie, za jejichž vítězství vždy jste byli a jste ochotni položiti i svoje životy.

Mluvě to Vám, mluvím k celému vojsku. Buda-li ono Vaším dnesním prodchnuto, nikdo nám neodolá. Překonáme všecky překážky a navrátíme se do drahé domoviny brdi, že píšté přísti: jsme k vítězství práva nad násilím. Československá krev, pot a drá porasily éhto plané, hluboké lesy ruké. Kéž by z této půdy stypěné tolika bolestmi vykvetla blaženost našeho národa, lepšího Slovanstva a všeho lidstva.

Pozn. red. Tato řeč má býti přednesena jménem ministra vojenství československé republiky, generála Štefánika, při slavnosti odevzání praporu 1. československému údernému praporu.

『덴니크』 1919년 3월 14일 제305호 기사 1면

Odluka státu od církve ve Francii.

V jednom z posledních svých románů („Pravda") E. Zola líčí sytými barvami velký převrat Francie na konci 19. i počátku 20. století: v líčení Zolově je pravda hodně nadsázky, přes to však povšechna charakteristika francouzské společnosti na sklonku 19. století, velký vliv klerikalismu, boj chrabrých rep. republikánům, je vylíčen věrně.

Akce budí reakci. Ministerstvo Waldeck-Rousseau (nastoupilo 22. června 1899) zahájilo energický boj s klerikalismem. V roce 1901 prosadilo nový spolkový zákon, jemuž podřízeny i kongregace.

Volby r. 1902 vládní kurs schválily: nová vláda v čele s radikálem Combesem pokračovala v politice Waldeck-Rousseauově, i provedla na konec zákon z 9. prosince 1905, jímž stát oddělen od církve.

Podstatný obsah tohoto zákona je asi tento:

§ 1. zákona zaručuje svobodu vyznání. § 2. svobodu náboženských úkonů, pokud nenarušují veřejného pořádku. Každý tedíž volí si náboženské vyznání, které uzná za správné, a může ze svobodně, soukromě i veřejně je i v podmínkou, že si nebude rušiti veřejný pořádek vykonávati *).

*) Pozn. U nás naproti tomu smějí veřejné výkon náboženských úkonů pouze náboženství státem uznaná (katolické obřadu ř.-katolického, řecko-katol. armén.-katol. ...)

BESEDA.

Kalendář prvního pluku.

Loni v leden dostalo se mi konečně možnosti zajet do první divise. V prvním pluku byl jsem několik dní: v Mikulíně, Hrycově, Labuni, Tytkově i Borené. Jel jsem tam vykládat o Sieszku, a o současné politické situaci, ale vlastní můj účel byl: uvidět první pluk. V dět jsem jej, našel mnoho známých, seznámil se s mnoha dobrými lidmi, které nyní už kryje zem: Šrec, Müller, Fajnor, Fiala, H. moisa.

Československá republika.

Československo-jihoslovanská konfederace.

Paříž 9 2 D. e telegramu u Prahy za tupce jihoslovanského státu Ryba předkládáje své vřebráci listiny presidentu Masarykovi prohlásil, že Československá a Jihoslávane mají přesvědčení celý svět, že tyto mladé státy žijí v pořádku a míru. Tyto dva národy mají povinnost navzájem si pomáhati a říditi své vnitřní zákonodářství a hospodářský život, jakož i vnější politiku stejnými zásadami.

Po převratu.

K odpovědi Čičerina na pozvání spojenců.

Úřední věstník.

Nařízení Vojenské správy M. V.

Všelicos.

Tolik mám myšlenek něžné,
z jara ať na ně jdu ven í,
snad mě více je zpráhlé,
už když jsem jedinou měl.

Co platno to a věčí v mládí,
královna bolí i les,
v hlavě mé královna schází,
proti tak smutno mi den.

Bohdan Jelínek.

Z našeho vojska.

Za bratrem Soldánem.

Za bratrem Rud lfem Nesvadbilem.

Hlášení velitele 1. vlaku invalidů.

『덴니크』 1919년 3월 14일 제305호 기사 3면

Strana 4. ČESKOSLOVENSKÝ DENNÍK Číslo 305.

Naše besídky.

Informačně osvětový odbor uspořádal dne 7. února v Jekatěrinburském amer klubu druhou besídku, která těšila se hojné účasti našich bratří. Přednáška bratra Kleinera „O programu ruské inteligence před válkou" byla pozorně vyslechnuta. Slovenské básně recitoval br. prap. Klačko. Zpěvní čísla programu velmi zdařile přednesli bratří Šmic a br. Petržilka, hudební program obstarala hudba 3. pluku „Jana Žižky". —ela.

Úřední zpráva

vrchního velitele západní fronty.

10. února 1919.

Západní fronta.

Sibiřská armáda.

Solikamský směr. V úseku v. Ofibského naše části vypudily nepřítele z v. Osinovky. V úseku Timinského, ležícího na řece Poj námi, obsazena v. Chajdjakova, kterou obsadili úderníci. Protivník v panice utekl směrem na v. Pikanovou.

Vjatský směr. Sesílená činnost rozvědčíků.

Ochanský směr. Beze změn.

Osinský směr. Po dvoudenním těžkém boji námi obsazena v. Verch Turka, nepřítel úplně rozbitý utekl až k řece Tundra po silnici směrem na v. Komarovo. Pronásledujíce jej, naše části obsadily v. Jermejku a v. Haljusky. Jižně, rozvíjejíce svůj úspěch, naše části několika smělými útoky obsadily několik vesnic východně Šermjatského závodu a v 16 hod. odvážným bodákovým útokem obsadily Šermjatský závod. Vzato 600 zajatců různých pluků, 13 kulometů, bombomety, rakety, vintovky, patrony a jiný válečný materiál. Pronásledování rozbitého protivníka trvá. V úseku v. Konstantinovky nepřítel bránivší se zoufale ve v. Čerňajevského rozbit a utekl směrem na v. Osinovku, kde byl zdrcen úplně; zbytky uprchly k v. Konstantinov e. Ztráty nepřítelovy ohromné. Pouze ve vesnici O inovce napočítáno 300 mrtvých.

Sarapulský směr. Severně trati námi po boji vzaty vesnice Hary, Makarjaty, Děmeněva a v. Sergějevka. Vzato 40 zajatců, 30 vintovek, 2 kulomety, 12 kulometných lent, 12000 patron a 1 telefonní aparát. V úseku Sčučje Ozero—Jegaška činnost rozvědčíků.

Západní armáda.

Askinský úsek, brajevský a birský směr. Činnost rozvědčíků.

Ufimský směr. Severně trati činnost rozvědčíků. Podél trati, podporován dělostřelectvem, nepřítel se znovu pokusil o nástup na naši posici u rozjezdu Kudějevé, byl však naším ohněm odražen.

Archangelský směr. Náš nástup se rozvíjí. 8. února našimi částmi vzaty opevněné posice protivníka mezi chutorem Suchopalským a Valentinovským a řada chutorů v tomto úseku, při čemž zajata celá nepřátelská rota s důstojníky a vzaty dva kulomety. — 2. února námi obsazena ves. Kazanka a Banafinskaja Kolonija. Vzato 170 zajatců, 7 kulometů, mnoho patron a druhý materiál, jehož množství se vyjasňuje. 10. února ráno se nástup obnovil a naše části obsadily v. Tabakačevou a Archangelský závod.

Sterlitamacký směr: Činnost rozvědčíků.

Orenburská armáda.

Severně trati v úseku řeky Ik nepřátelský pokus o nástup 9. února na Nijazgulovo odražen kulometným a puškovým ohněm. Podél silnice Orsk-Orenburg pokus protivníka nastupovat ze stanice Novočerkaského podél levého břehu Kijučevky k ústí Terekly.

Semirečská fronta. Bojů nebylo.

Různé zprávy.

Odstoupení italského kabinetu.

Vladivostok 11. února. Reuterova zpráva hlásí, že italský kabinet se poděkoval následkem neshod ohledně nároků Řecka na řecké ostrovy Dekaneros (?) v Egejském moři (?) a traktátu z roku 1915 Sonnino, ministr zahraničních záležitostí žádal o jeho uskutečnění, kdežto socialistický člen kabinetu žádal o jeho anulování, navrhuje dohodu s Jihoslovany, odřeknutí se ostrovů v Egejském moři a severní části Tyrol. Ukazuje se však, že italská politika je vedena lidmi, kteří nechtějí ustoupiti Jihoslovanům a Řekům, neboť v novém kabinetě opětně zůstává Orlando premiérem a Sonnino ministrem zahraničních záležitostí. Obsazení druhých míst v kabinetě není známo.

Bolševická nabídka spojencům.

Šanghai 5 února. (Reuter) Jiskrové depeše oznamuje, že sovětská vláda je ochotna vstoupiti ve vyjednávání buď na Princových ostrovech nebo kdekoli jinde a prosí spojenecké vlády oznámiti místo i lhůtu schůzky. Sovětská vláda prohlašuje, že neuznává finanční závazky spojeneckých věřitelů, a zaručuje placení procent z ruských dluhů surovinami a vydávání koncesí na horní podniky a využití lesního bohatství atd. spojeneckým poddaným. Dále prohlašuje sovětská vláda, že ona půjde vstříc spojeneckým vládám, pokud to dovolí válečné operace v Rusku.

Pochyby Pichona o schůzce na Princových ostrovech.

Lyon 11. února. Francouzský ministr zahraničních záležitostí Pichon přijal v neděli ráno zástupce tisku. Byv tázán, jaké bude chování spojeneckých vlád po přijetí sovětskou vládou pozvání na Princovy ostrovy, Pichon prohlásil, že otázka ta nebyla ještě studována společně, avšak dle jeho mínění tato schůzka nemá již významu, neboť měla shromážditi zástupce různých skupin Ruska, které však odepřely účastniti se vyjednávání. Delegáti spojenců měli pak být přítomni jako nestranní svědkové.

Mezi spojenci a Rumunskem.

Lugano 3. února. (Radio II) Pařížský korrespondent italského „Seccolo" tvrdí, že smlouva mezi spojenci a Rumunskem byla zrušena. Rumunsko neobdrželo slíbených mu spojenci koncesí v Banátě a jako kompensaci obdrží prý Dobrudži. Makedonie bude připojena k Srbsku. Toto rozhodnutí vyvolalo prý značnou nespokojenost v rumunských vládních kruzích.

Španělské Maroko.

Vladivostok 11. února. Z Berlína se oznamuje, že otázka španělského Maroka byla rozhodnuta ve prospěch Anglie a Francie. Místo rozšíření svého území Španělsko obdrží finanční výhody.

Obnovení svazu německo-rakouského?

Amsterodam 11. února. Reuter sděluje z Vídně: Prozatímní (německo-) rakouské národní shromáždění usneslo se poslati německému ústavodárnému sněmu pozdrav, v němž vyslovuje naději, že oběma ústavodárným sněmům podaří se obnovit svaz, který byl roztržen v roce 1866 a že Rakousko navždy bude spojeno s mateřskou svojí zemí.

Na severu Ruska.

Paříž 9. února. Agenstvo „Union" sděluje z Archangelska, že byla vyhlášena mobilisace ročníku 1919. Archangelská vláda vypsala vnitřní půjčku 15 mil. rublů.

Postavení baltických vojsk.

Nauen 8. února (Radio I) Německé delegace v komisi pro příměří podala dne 5. února zástupcům čtyř dohody notu o postavení pobaltických krajů v boji s bolševismem. V notě se praví, že postavení baltických dobrovolnických vojsk se zhoršilo, a bolševici že obsadili nové přístavy. Splnění požadavků spojenců a potlačení bolševismu je možné pouze za podpory čtyřdohody. Vzhledem k tomuto postavení, Německo několikráte navrhovalo, že znovu ozbrojí některé vojenské části, avšak tyto návrhy byly spojenci zamítnuty. Nyní budou spojenci nuceni rozhodnouti se, aby spojenecké síly byly súčastněny v boji s bolševismem.

Japonsko a Korea

Vladivostok 5. února. Časopis „Japan-Chronicle" uveřejňuje oběžník hlavní policejní správy ze dne 28. ledna, ve kterém se praví, že některé malé a slabé národy snaží se vyvolati hnutí za svoji neodvislost na základě sebeurčení, a že takové hnutí je již na Koreji. Každá novinářská zpráva v tomto hnutí může vyvolati v myslích Korejců touhu nezávislosti a způsobiti tak vážné nebezpečí pro zachování pořádku na Koreji. Generální konsul na Koreji byl proto nucen zakázati uveřejňování podobných zpráv. Uveřejňují li se takové zprávy v Japonsku, mohou způsobiti pobouření mezi Korejci, což by bylo spojeno pro japonské administrativní úřady se značnými nepříjemnostmi. Policejní správa žádá proto listy, aby při uveřejňování podobných zpráv počínaly si velmi opatrně. (RTA)

Za odstranění rasových rozdílů.

Fanabaci 7.-2. V Tokiu založena společnost pro odstranění rasových rozdílů. Skládá se z členů všech politických stran. Společnost poslala telegraficky resoluci předsedovi mírové konference Clemenceau.

Američané v Rusku.

Omsk 12. února. Očekává se příjezd náčelníka americké železniční missie ing. Stewense, pověřeného jak známo aregulováním transportů na sibiřské magistrále.

Americký generální konsul vyjel se svým štábem z Čeljabinska do Vladivostoku, aby zakročil v bezodkladné odesílání amerických tovarů do sibiřských měst, zejména do Omska.

Různé.

Kyjev 6 února. (Bolš. zpr.) V Stanislavi byla okresní konference židovských sociálních demokratů, která přijala resoluci o předání vlády Haliče dělnicko-rolnickým radám.

Paříž 9. února. V New Yorku se vytvořil americký výbor pro nezávislost Armenie pod předsednictvím Jamesa Brandta, býv. vyslance Spoj. Států.

Rotterdam 7. února. Sděluje se, že anglická vláda nezasahuje do stávky, která vypukla v Clade a Belfastu (v Irsku) a v Londýně. (Dle bolševických zpráv situace v Belfastu se zostřuje.)

Amsterodam 1. února. Z Paříže sdělují, že francouzská poslanecká sněmovna bude svolána na 1. března.

Omsk 12 února. Dne 9. února pořádán byl večer svazu slovanských národů, který se zakládá. Na večeru byli četně zastoupeni političtí zástupci všech slovanských národností.

Čeljabinsk 7. února. Dnes odjíždí do vlasti první ešalon vybících invalidů nemohoucích nésti posádkovou službu.

Karnarvon 10. února. (Radio II) Portugalská republikánská vojska rozbila monarchisty blíže Vise Lamete.

Nauen 11. února. (Radio II.) Odchod německých vojsk z obsazeného jimi území Ruska podle trati Kovel-Brestlitevsk byl zakončen.

Vydává Českoslov. Tisková kancelář v Ru.

M40985-3/2

『덴니크』 1919년 3월 14일 제305호 기사 4면

『덴니크』 1919년 3월 14일 305호(옴스크에서 인쇄)

일본과 조선

블라디보스토크 2월 5일

"재팬-크로니클 저널"은, 2월 28일 자 중앙경찰행정국 공문을 공개하였다. 이 문서는, 몇몇 약소민족들이 민족자결주의를 근거로 독립운동을 일으키려고 노력 중이며 조선에서는 이미 일어나고 있다고 밝혔다. 이러한 독립운동에 대한 신문 기사는 조선인들의 의식 속에 있는 독립에 대한 열망을 불러일으킬 수 있고, 조선의 질서를 유지하는 데 있어 심각한 상황을 초래할 수 있기 때문에 조선의 일본 총영사는 이와 유사한 뉴스들이 기사화되는 것을 금지시켜야만 하였다고 덧붙였다. 만일 이러한 뉴스가 일본 본토에서 기사화되면 조선인들 사이에 큰 분노가 일 수 있으며 이는 결국 일본의 관공서에 상당히 부담스러운 상황을 초래할 수 있다고 밝혔다. 중앙경찰행정국은 이 공문들을 통해 유사 뉴스들이 기사화될 경우 초동 대응에 신중을 기해줄 것을 당부하였다.

『덴니크』 1919년 3월 18일 331호(노보니콜라예브스크에서 인쇄)

일본과 조선의 독립운동

블라디보스토크 3월 6일

조선인들이 대규모 시위를 벌이며 조선의 독립을 요구하였다고 서울발 로이터 통신이 전하였다. 시위 군중은 전 황제의 시신이 안치되어있는 왕궁까지 행진하였다. 도심은 국장에 참석하기 위해 지방에서 올라온 인파들로 북적였다. 경찰과 군은 봉기의 확산을 막기 위해 여러가지 조치를 취하였다.

Roč. II. Čís. 64. (331)   Novonikolajevsk, v úterý 18. března 1919.   Cena 20 kop.

ČESKOSLOVENSKÝ DENNÍK

ЧЕ ШСКОСЛОВЛЦКИЙ ДНЕВНИК

Československá republika.

První československý sněm.
Třetí schůze.

Praha dne 19. 11. — V dnešní schůzi národního shromáždění předložilo ministerské předsednictvo návrh zákona o zřízení státních tajemství.

Zákonná osnova o obchodních platidlech byla bez rozpravy nezměněně přijata ve všech čteních. Podle této osnovy zmocňuje se zemská banka král. Českého k vydání poukázek na vlastní bankovní pokladnu, které v zemské banky anebo u ústavů jí určených mohou býti vypláceny při předložení bankovek rak.-uherské banky. K vyplacené poukázek utvrří zemská banka zálohy v bankovních rakousko-uherské banky anebo v drobných mincích korunové měny. Československý stát dá k tomu účelem vklad 25 mil. K. Částový výdej všech poukázek nesmí převyšovati čtyřnásobný obnos zálohy. Užitek plynoucí z vydeje poukázek bude rozdělen mezi zemskou banku a československý stát v určitém poměru. Poukázky jsou v území československého státu zákonným platidlem právě tak, jako bankovky rakousko-uherské a budou se přijímati bez omezení v všech veřejných pokladnách.

Na to provedena volba do různých výborů, jakož i volba zemského správního výboru. Předsedou tohoto výboru byl zvolen posl. dr. Franta.

Čtvrtá schůze.

Z Prahy 21. listopadu. Schůze začala za čilné účasti členů Národního shromáždění. Formální věci uplynuly velmi rychle. Doplňovací volby výborů byly provedeny aklamací. Za chvíli byly již skončeny.

Po té podali poslanci Jirásek, dr. Němec, Babu, Udržal a Šrámek a sndr. pliný dotaz na ministra osvěty, výživy, veřejných prací a sociální péče. Dotaz týká se zásobovacích potíží a žádá vládu o sdělení, jak-li k postupovat, aby zajištěno bylo pravidelné zásobování obyvatelstva a zaručena alespoň stanovená denní dávka. Dotaz žádá vládu o zakročení na zmírnění nezaměstnanosti a bytové nouze, o zavedení jednotné praxe při vyplácení výživovacího příspěvku, jakož i o zakročení k vyléčení zásobení životních potřeb všeho obyvatelstva, zahrnuje v to vydání směrných cen pro potřeby zemědělství.

Návrh na zahájení debaty o tomto přímém dotazu byl Národním shromážděním přijat. Debata se protáhla na 9 ledna s 18 řečníky. Každý bude mluviti půl hodiny. Ihned stranopravně-demokratické jsou vyhrazení 3 řečníci.

První ujal se v debatě slova posl. Jirásek (s-c. dem. ant.). Pojednal obšírně o situaci zásobování od dob, kdy rakouské vlády vyhledávaly Čechy vyvážením potravin če-

kých do alpských zemí a Vídně. Dnes je situace vážná. Nutno co nejdříve v otázce výživy zjednati nápravu a co nejdříve zlepšiti výživu horníctva a ostatního těžce pracujícího dělníctva, zvláště na drahách, poštách a telegrafech, jakož i ve velkých průmyslových okresích. Nutno stanovit směrné ceny, odpovídající potřebám, a přímě dbát snad jejich zachovaváním. Řečník si přeje, aby rolníci jednali dle příkladů dělníctva, jež konalo svou povinnost v nejtěžších dobách rakouské persekuce, tím radostněji pak koná dělníctvo svou povinnost ve své mladé Československé republice. Zlepšení výživy v československém státě i rukou representanti zemědělských.

Posl. Sontag (nar. agrar) poukazuje na vyživovací poměry na Moravě, kde je mnoho brambor ještě na poli, nebyť není lidí ani potah k jich vykopání a odvezení. Žádá, aby pro Moravu byla zvýšena denní dávka brambor a mouky, jako se už stalo v Čechách, a žádá pro Mor. Ostravu reserva 250 vagonů mouky pro případ, že by pro technické obtíže nastala doprava vázla. Na Slovensku pracuje velmi lidí ruských charakterů, aby nepovstaly státu československému nenapravitelné škody.

Posl. Svozil (nar. soc.) přimlouvá se, aby zřídeno bylo co nejdříve zvláštní československé ministerstvo zásobovací, poněvadž je nebezpečí v prodlení. Úřad nutno vybaviti co nejčistší právomocí.

Posl. dr. Němec (š. st. d.) poukazuje na to, jak trpěla drahotou za války intelligence, úřednictvo a učitelstvo, odkázané na pevnou gáži a žádá o vydatnou pomoc pro tyto stavy.

Posl. Laube (nar. soc.) žádá, aby vláda ke zmírnění nezaměstnanosti zahájila stavbu české university v Brně, nové sněmovní budovy a baráků pro dělníctvo, aby současně zmírněna byla nouze bytová.

Posl. Okrašl (Slovák) líčí neutěšenou aprovisační situaci na Slovensku a žádá pro ně rychlou českou pomoc potravní a vojenskou. Schůze dne u půl 6. skončena. Příští v úterý 26. t. m. o 2. hodině odpolední.

„Československá Samostatnosť“ č. 28.

Umístění našich ministerstev.

(Z Prahy 15. listopadu.) Ministerské presidium, ministerstvo zahraničních záležitostí a ministerstvo národní obrany umístěno bude na královském hradě.

Ministerstvo financí v paláci Clam-Gallasově a Husově ulici.

Ministerstvo orby v paláci Harrachově, v Jindřišské ulici.

Ministerstvo železnic I. část v paláci Lobkovicově a Hybernské ulici a II. část v ústavě šlechtičen v Eliščiné třídě.

Ministerstvo vnitra v paláci místodržitelském.

Ministerstvo vyučování v Rohanově paláci v Karmelitánské ulici.

Ministerstvo veřejných prací v německém gymnasiu na Smichavě.

Ministerstvo spravedlnosti a ministerstvo zdravotnictví v kadetce.

Ministerstvo pošt ve škole na Smetance.

Jak sděluje ČSTK z Ameriku, královský hrad je velice zanedbán, ježto jeho habsburští ošetřovatelé nevěnovali jeho úpravě a udržování nejmenší péče, takže sotva se tam dá umístit některé z větších úřadů (snad ani ministerstva uvedená v pražské zprávě). Na rychlo nebylo možno zbudovati nové budovy, proto naše vláda se usidílila ve velkých palácích šlechtických.

K mírové konferenci.

Svaz národů. Radio Mikssa sděluje, že s počátku Wilsonův projekt svazu národů byl přijal veřejným míněním ve Francii velmi chladně. V tomto nazírání nastal pry nyní obrat a převážná většina přeje si uskutečnění Wilsonova plánu.

Lyonské radio z 14. března hlásí, že rada velmocí vybídla neutrální státy, aby poslaly do 20. března své názory na svaz národů. (Projevy neočekávých a švedských státníků byly zase již čtověšny.) Dle této lyonské zprávy zahájeny byly soukromé porady svazu národů, jimž předsedal bude lord Tewi. Porad účastní se Léon Bourgeois, Venizelos, jakož i zástupci druhých spojenneckých vlád a neutrálních států.

O vzduchoplaveckých podmínkách, jež mají býti uloženy Německu, sdělují noviny (Lyon 23 března): Německo má vydati všechny bojové aeroplány, dále aeroplány sloužící k bombardování a všechny řídítela vzducholedě. Co se týče hydroaeroplánů, Německo si ponechá počet přesně nutný k hlídání pobřeží a odzarování min. Spojenci pozdějí přiměřeně rozdělí meri sebou material odevzdaný nepřátelem.

Jedna se také o to, aby v budoucnu bylo zamezeno znovuzbudování vzdušného loďstva. Byla stanovena opatření, aby obchodní neb obchodní aeroplány nemohly býti předělány na válečné stroje.

President Wilson přijel 14. března znovu do Paříže. Na nádraží Invalidů byl uvítán presidentem Poincarém a jeho chotí, Clemenceau a Pichonem. Wilsonovi byla uspořádána ovace, když sedal do automobilu, který ho odvezl do hotelu na náměstí Spojených Států.

Ovace anglickým delegátům. Lyon 14.března. L. Georgovi a Balfourovi byly ve čtvrtek uspořádány vřelé ovace v pařížské komické opeře.

První japonský delegát v Paříži. (Lyon 3. března.) První japonský delegát na mírové konferenci markyz Saienzi přibyl do Paříže. V besedě s redaktorem „Temps“ projevil svou radost nad tím, že po letech vrací se opět do Paříže, kde strávil své mládí a kde začal svoji úřední dráhu. „Je to zvláštní — pravil markyz — mé dráhy mně duch se vytváře ve Francii a ačkoliv tam se rozvíjely moje svobodomyslné rozory, neměl jsem nikdy příležitost zastupovati Japonsko v této zemi. Naopak byl jsem jmenován vyslancem ve Vídni a v Berlíně. To je ovzduší, které se značně lišilo od toho, kterému jsem přivykl v Paříži.

Japonsko a Ciang Tao. Tatáž zpráva hlásí, že sekretář markýze Saionai prohlásil v otázce ostrova Ciang-Tao toto: Japonsko nemá nikterak v úmyslu podržeti Ciang-Tao, naopak hodlá jej vrátiti Číně. Za toto vrácení žádá na čínské vládě koncesi, aby ve městě (v hlavním městě ostrova) Japonci měli takováprávajakovšechnyjinéná- rody. Mimo to Japonsko žádá na Číně těsnou spolupráci při stavbě železnice na ostrově.

Dělnická otázka. (Funabasi 1. března.) Z Paříže se hlásí, že komise pro vypracování mezinárodního zákonodárství práce při svých pracech vzala za základ anglický návrh, ve kterém se praví, že dělníci mají právo přestěhovati se z jednoho státu do druhého. Proti tomuto návrhu postavili se zástupci američtí a napínají všechny síly, aby cizozemcům byl přístup do Ameriky zabráněn.

Kdy dojde k předběžnému míru. (Vladivostok 10.-8.) Předběžné podmínky míru budou projednávány radou velmocí okolo 20. března. Díky úspěšnému pokračování prací očekává se, že mírová konference sejde se mezi 1. až 10. dubnem ku společným schůzím s německými delegáty. Též uvedené dříve dvě zmínky, že záhy bude uzavřen předběžný mír, svědčí o snaze spojenců dojíti brzo k jistým resultátům a potvrzují prohlášení Pichona o konci předběžných jednání do 25. května.

Čtvrteční schůze. Paříž 18. března. Nejvyšší spojenecká rada ve čtvrtek nezasedala, očekávajíc návrat presidenta Wilsona. Za to zasedaly četné komise. Ráno: Komise pří- stavů, mezinárodního zákonodárství práce, sodpovědnosti za válku a rumunských zále- žitostí. Odpoledne: Schůze komise pro zá- ležitosti československé, polské a komise oprav. Konečně pokračoval ve své práci mezispojenecký výbor pro redakci vojenských, námořních a vzduchoplaveckých podmínek, týkajících se odzbrojení Německa. V tomto výboru je zastoupen francouzským zástupcem je generál Degontte.

Program tohoto týdne bude stanoven v sou- hlase s náčelníky delegací, nacházejících se

BESEDA.

Omak

Město Omsk hrálo značnou roli v našem hnutí. Zde byl svého času štáb kor- pusu, část Odbočky ČSNR, zde jsme ulo- žili k věčnému spánku pravého tajemníka Odbočky br. Klecandu, zde byl koncen- trační tábor československých dobrovolců, zde se rozpoutaly prvé boje s bolševiky na půdě Sibiře. Omsk je nyní sídlem ruské vlády a zástupců spojeneckých států. Ne- bude zajisté bez zajímavosti sděliti některá data o městě Omsku, která jsem shro- máždil z ruských pramenů.

Omsk byl založen r. 1716 podplukovní- kem Buchholcem. Do těch dob prvními ruskými obyvateli na západ od Tobolska na řece Irtyši založená r. 1670 pouze osada Černoluckaá. Zásluha a pokus proniknouti dále do stepí podél Irtyše a vyzkoumati podmínky případné kolonisace náleží gu- bernátoru, knížeti M. P. Gagarinu. R. 1714 oznámil Petru Veli- kému, že u džungarského města Erkety, do něhož doplout po Irtyši bylo možno za

nyní v Paříži a Wilsonem. Možno předvídati, že bude velmi zatížen, neboť komise záleži- tosti belgických, řeckých a československých bude dokončují své práce.

Občanská válka v Německu.

Zprávy z Německa přes všechnu různost shodují se v tom, že nepokoje neutuchají a stále přecházejí v různých místech říše v občanskou válku, jak o tom svědčí i pro- hlášení ministra Noske. Po Bavorsku i Sasku a střední Německo zachvácano vírou po- vstání. Byly stávky v Lipsku, Halle, v Gotě, když tam vtáhla vládní vojska; nejnovější se hlásí, že na 20 větších středoněmeckých měst je v rukou povstalců, mezi nimi i Lipsko, takže Výmar je odříznut od Berlína. Zde střídají se demonstrační stávky a boj spodářskými a politickými, jako byli za- čátkem března, kdy berlínské massy velely k soudu Viléma, Hindenburga, korunního prince a Ludendorfa. Postavení stranické německé vlády však, zdá se, že zachraňuje nejen většina na výmaarském sněmu, ale i většina národa, toužícího po míru a chlebu. V tom ohledu vláda dešutjmí protesty proti vzetí kolonií, obchodního loďstva a proti blokádě udržuje si důvěru širokých vrstev. Také vojenské úspěchy Spartakovců jsou nepatrné. V nejprůmyslovějším rohrákem rajoně nemohli udržet Düsseldorf, jehož stihl osud Brem. Koncem února byly město obsazeno vládními vojsky. Vůdcové Sparta- kovců se rozprchli, částečně byli pochytáni. Těžko tedy čekat, že úspěchy povstalců v středním Německu budou větší.

Úřední věstník.

Postavení československých státních občanů národnosti německé a maďarské, přivtaných k válečným úkonům.

1. Občané Československé republiky ná- rodnosti německé a maďarské, kteří uzná- vajíce Československou republiku, přihlásí se o československé státní občanství a o přijetí do československého vojska v Rusku, budiž používáno k válečným pracem (ve vojenských dílnách, skladištích, u vojenských částí).

2. Tito českoslovenští státní občané, po- zvaní ke konání válečných prací v českoslo- venském vojsku, budiž zapsáni do seznamů

dva a půl měsíce, se nalézají bohatá lo- žiska zlata, a navrhl vyslati vojenskou ex- pedici, aby se zmocnila města Erkety a zotolila tam říšské těžařství zlata. Aby cesta od osady Černoluckaé do města Erkety byla bezpečná, kn. Gagarin navrhoval vystavěti podél Irtyše řadu opevněných míst, která by sloužila Rusům vojenskou oporu. Petr Veliký, který se připravoval tou dobou k boji se Švédy, přistoupil na návrh kn. Gagarina a 22. května r. 1714 vlastno- ručně napsal: «Vystavěti město u Jamy- ševa jezera, jdli dále do města Erkety a hledět jim oviadnout».

Na rozkaz Petra Velikého byla pod ve- dením podplukovníka Buchholce sestavena expedice, která v červenci r. 1715 v počtu 2932 osob s štábem z ruských důstoj- níků a zajatých švédských důstojníků, vlá- noucích zaslosti techniky, dělostřelby i dě- lování, vypravila se na 32 prámech a 27 lodkách z Tobolska proti proudu po řece Irtyši. Dostihnouti města Erkety a majíti slatou rudu této první expedici se nepo- dařilo. K 1. řínu r. 1715 oni doplul proudu do Jamyševských jezer a zde přezimovali; pod vedením dělostřel. poručíka Kalandara

vojenských části, ke kterým byli přidělení, oddělení od vojáků.

3. Oni podléhají všem československým zákonům i předpisům, pokud ohledně nich nebyla stanovena výjimka. Jsou podrobeni disciplinární pravomoci vojenských velitelů i trestní pravomoci československých vojen- ských soudů.

4. Dostávají oděv, stravu, cukr i tabák v rozměrech platných pro příslušníky česko- slovenského vojska, kromě toho měsíční plat 80 rublů.

5. Všem vojákům československé národ- nosti se přikazuje, aby se k těmto spolu- občanům druhé národnosti, kteří uznávajíce Československou republiku, lojálně vůči ní plní všechny občanské povinnosti, chovali šetrně a nezáviděli a nimi srovnalé nijakých sporů. Každé vyzývavé jednání vůči nim bude trestáno.

6. Váchni zaměstnaní v částech zajatci jinostátní příslušnosti, pakud budou zaměst- náni povolanými k válečnym pracem občany Československé republiky, budte převedeni k pracovnímu oddílu příslušného oddělení- mírů, respektive náčelníka nejbližšího zaj- teckého tábora neb újezdnéeho vojenského náčelníka.

7. Váchni Čechoslováci ze zajatců neb přidělení k pracovních rot mobilisovaní k vá- lečným pracem, budte ihned odeslání do česko- slovenského koncentračního tábora v Omsku. Výjimky mohou býti učiněny pouze v díl- nách intendantských, železničních a technic- kých odděleni, pokud určití specialisté ne- mohou býti zaměnáni.

8. Oddělení Vojenské správy (Mobilisační oddělení) budte služební cestou zaslány se- znamy :
  a) zaměstnaných u části na válečných pracech občanů Československé republiky, nečeskoslovenské národnosti;
  b) zajatců jinostátní příslušnosti s odů- vodněním, proč v části ponechání (specialisté);
  c) mobilisovaných k válečnym pracem Čechoslováků s úmrtě odůvodněním.
  d) mobilisovaných Čechoslováků odeslaných do koncentračního tábora v Omsku.

V seznamu budte rubriky — jméno — národnost — rok a místo narození — do- mavská obec — povoláni.

Náčelník Vojenské správy M V.:
podplukovník Medek.

založili zde ve vzdálenosti 6 verst od Irtyše při říčce Presmychě Jamyševskou pevnost, nynější osadu Jamyševskou.

Toto zařízení ruského vojenského oddílu neušlo samozřejmě utajeno a obyvatelé stepí Džungary, odhodlali se postaviti na odpor. Džungarský chán Cevan Rabdan, vyslal proti podél. Buchholcovi oddíl svého vojska počtem 10.000 pod velením svého navlastního bratra Ceren Donduka. Ten obklíčil Jamyševskou pevnost i přerval s ní jakékoli spojení. Po dvouměsíčním obléhání, ztrativ tři čtvrtiny svého oddílu následkem nemoci, přinucen byl Buchholc zničiti opevnění a na ostavších celých 18 prámech doplul zpět po řece Irtyši.

Zůstalo ještě 50 verst do osady Černo- lucké, když stanul u ústí řeky Omi a na levém břehu jejím, se svolením kn. Gaga- rina založil Omskou pevnost. Tato se na- lézala na rozhraní dvou stepí: Kirgizské, rozkládající se za Irtyšem a obydlené Kir- gízy a Barabinské, ležící mezi břehy řek Irtyše a Omi, a místem jejího obydlení chanstvu.

Omská pevnost stala se postupem času důležitou operační základnou, při příštích

『덴니크』 1919년 3월 18일 제331호 기사 2면

Orenburští kozáci u našeho vojska.

„Orenburskij Kazačij Věstnik" přináší 23. února 1919 tuto zprávu:

18. února deputace Vojskového Kruhu oblasti vojska orenburského navštívila Československý, opětujíc tako návštěvu Československých Vojskovému Kruhu, o níž jsme už dříve sdělili. Schůze se od bývala v Trojicku, v sále poddůstojnického sobrání, kde se shromáždila v plném stavu československá dělostřelecká brigáda s hudebními orchestrem. Jménem Vojskového Kruhu vystoupil br. J. Něstěrenko, který pronesl tuto řeč:

„Bratři Českoslováci! My delegáti kozáckého vojska orenburského, synů šedého Uralu, přišli jsme sem, abychom vás, drazí bratři, přivítali a vzdali vám čest jako prvním, kteří jste vystoupili na obranu cti vlastní i cti vašeho starého bratra — Ruska. Jiskra, kterou jste vykřesali, byla zachycena námi kozáky, a rozhořela se plamenem, jež na cestě k pravdě a pořádku smetá otrokáře ruského národa — bolševiky, tyto podlé zaprodance slavného nepřítele Slovanstva — germanismu. Vaše záminky reřon stracený, ony se vrylí do srdce našeho lidu a zvláště nás, kozáků, vašich spolubojovníků. Jméno Českoslováků bude slatými plameny zapsáno na stránkách historie kozáctva, na stránkách psaných krví kozáků...

Všelicos.

Šachisti-politikové? A. A což, kdybych ti vzal krále? — B. Tak co? Prohlásím republiku a vášlim z tebou díl...

Maksim Gorkij bolševikem? Osoby vrátivší se nedávno ze sovětského Ruska kategoricky popírají zprávu, že Gorkij vstoupil do řad komunistické strany...

Z našeho vojska.

Z 3. pluku Jana Žižky.

Při prvém nástupu na st. Kyn nepřátelská kule zasáhla bratra Gustava Doležálka z Havřio u Uher. Brodu. Podlehl těžkému zranění ještě na bojišti a byl pochován na jekatěrinburgrském hřbitově. Pro svoji milou povahu byl námi všemi milován. Byl dobrým bratrem a výborným vojákem...

J. Lucký.

Z 2. setniny 1. záložního pluku.

Těžkou ranou osudu postižena byla naše rota ztratou šikovatele br. Ant. Pšel. Již od r. 1916 stál v řadách našeho vojska...

J. Procházka.

Zemřel otravou alkoholem.

Kolik v těch třech slovech hrůzy a hanby! Československý dobrovolec, jehož život je drahý národu našemu, zvláště nyní před návratem do vlasti, nedbaje svého zdraví, ženou a dětmi, nebo nevěstou, tak bídně skončil svůj život jedem alkoholu...

A. C.

Úřední zpráva

vrchního velitele západní fronty.

6. března 1919.

Západní fronta.

Sibiřská armáda.

Severní úsek. Zprávy nedošly. Kaigorodský směr. Po úporném boji naše části potřely nepřítele v úseku v. Jeksejevské a

Jindřich Kuthan.

obsadivše vesnici pronásledují jej ve směru na v.
Kajgorodskou. V úseku v. Jurilnské naše části vy-
rudily nepřítele, jenž se úporně bránil u chutoru,
ležícího 20 verst na západ od Jurlynské.

Běloretský směr: U v. Posvoločné, ležící
20 verst západně Karskévo závodu vede se tuhý
boj v. úseku v. Krivicke a Voskresenské. Boj
trvá.

Viatský směr. Podél celé fronty naše
části předly v nástup a vedou úporné boje jižně v.
Lusina. Obsadili jsme v. Cajkovskou. V úseku sev.
Ust-Sym se ustáváváme úspěchem. Ukořistili
jsme dva kulomety, náboje, vzali jsme zajatce.
Po celé frontě nepřítel klade tuhý odpor a udržuje
urputně dělostřeleckých obeň a chrlí z kulometů. tři
vlak zdále také sirky. Severně Ochanska naše
části dorazily st. Mytky na pravém břehu Kamy.
Jižně Ochanska naše části obsadily v. Zaomochovo
a pokračují v nástup na v. Kazanku. J jiná části
v. Andrejevské po učiněn boji jsme obsadili 9 vesnic
mezi vtmi v. Andrejevskou. Provivník ustupuje na
Ostrečko, Pichtarovkou Novo-Merkašlaskoje. Částou
na Ostrečku nenřtel-pronásledovaný našimi částmi
vypuzen z v. Gorevjan, Goruš a Rogové, ležící
55 verst severně v. Andrejevské. Vzato 5 kulometů,
pušky a přes 150 zajatců.

Osinský směr Obstřelování z 461 v. Koše-
baěva a Bogorojiankovské trvá.

Svěžné-Rošdětvenský směr. Útoky
nepřit-le na sedavno obnažené nám v. Feder-vku,
Aktašavo a Catovo odraženy s velkými ztrátami.
Sarapulský směr. Boj v úseku Ust-Slykova,
Vošntina a Bělonazy trvá.

Západní armáda.

Sarapulský směr. Naše části obsadily v.
Starý Kejnan, T-řáy, Ješajo, Akseljovo, Almot-vo.
Nepřítel po nedařilých pokusech o protifrontáp
provlékl v úseku s naše části jej pronásledují ro
směru na st. Knedy.

Birajevský směr. Naše části po delším
boji zcopúnĕly nepřítele na celé frontě a obsadily
v. Garsy-Badý, Tčpioki, Oěma, Burajevo, Kadyr-
m-tevo, Kisgam, Baš-Nikolajevsk a pronásledující
utekajeho v panice nepřítele. Zajali jsme u a a vedli
dalši nástup. Nepřítel utrpěl velké ztráty.

Birský směr. Severně naši části obsadily v. Na-
karjakovo a Muchametdinovoje. Pronásledování
trvá.

Ufimský směr. Severně tratí v nepřítel na-
stupující nepřítel zatlačili naše části s v. Tereklyn-
ské, chutor Jelajevský. N-přátelský zástup na
Himbetovo odražen s velkými ztrátami. Jiné trati
trvají zuřivé útoky nepřítele na chut. Romanovský,
Lořáino, Ekimovskvj, Pychanovský, v Petrov-
ské, Novotgumořivský, Najborodinný a Menisř-
rovo. D-smý úspěch nepřítele: obsazení chut.
Lořáinu a Aleksaandrovskevo našimi částmi likvi-
dován. Útoky na všechny ostatní body obráceny a
nepřítel utrpěl veliké ztráty. V úseku Novoigur-
movšské-no nemí vzato 30 zajatců.

Archangelský směr. Znovu jsme obsadili
doč-ně námi vyklizenou v. Auovo. Naš obranný
vlak nepřít-ba-sří protivníka a částicí ji. aby se
vzdala. V úseku Novstrojicko he bezpřátelský nen-
plán. letajíní ned st Aňa Balašovska a shazujíní
bombr a proklamace zapuen našim obranným lé-
tad m.

Střelitamacký směr. Nepřítelem vyseten
závod Z gmovský, 18 verst shozápadně Bza-c-
Achenroé.

U dmicdré. Uspěš s vráiky vyzvědavých čáasti.

Různé zprávy.

Vyzvědačské spiknutí v Praze.

Vladivostok 14.3. Reuter sdeluje, že v
Praze bylo odm-eno vyzvědačske spiknutí
proti spojencům Spiknutí bylo řízeno z Čeru
rudého kríže. (Zpráva vztahuje se dle všeho
ku zprávž o protispion-ské propagandě.
padporované Němci a M ďary v našich ze-
mích, o které jsme přineslí zprávu. Pozn.
red.)

Republikánci proti Wilsonovi.

Vladivostok 12-3 J-krova zpráva z War-
hingt nu. podávana s Frankem „Brodu nl"
sdělaje: „Re ubdikánska strana pokračuje
v manevrech svého lidu boje proti presi
dentu Wilsonovi a částečně proti jeho pro-
jektu svazu národů. Velmi živě se tato

otázka pasuruje ve Washingtonė a všeo-
becné (?) se oěekává, že projekt presidenta
Wisona padne. Předseda komise pro mezi
národsí otázky senátor H tchcock se vy
slovil: snad nemyslí president, že jeho
projekt bude potvrzen, nehledě na odpov
c-ého senátu?"　　　　(RTA)

V Německu.

Zatím co bolševická radia nepřestávaji
ohlašovati nové buře a vítězství Sparta
kovců, zprávy z jiných pramenů, rozhodně
věrohodnějších, než jsou bolševické, sdělují
pravý opak. Bernská zpráva ze dne 4. 3.
hlási, že poslední telegramy z Německa
ukazují na značné zmírnění. Ve Vestfálsku
vládní vojska obsadila Düsseldorf. Bylo vzato
velíke množství zbraní, střeliva a bylo zat
čeno mnoho občanských povstání Ve středním
Němocku vládní vojska obsadila Halle. Ve
městě panuje klid. Zpráva o vyhlášení 'l
Brunšvicke sovětské republiky se nepotvrzuje
Brunavícke sověty nemohou se rozhodnouti
a vyčkávají obed události v ostatním Ně-
mecku. Jiná zpráva hlasí, že v Německu
roste spokojenost, výšiva je nedostatečná a
nezaměstnanost velká.

Vilém žádá převedení svého ma-
jetku.

Vladivostok 10. března. Z Londýna se
sděluje, že Vilém požádal německou vládu,
aby převedla jeho vlastní majetek do Ho-
landska k úřadů sirotka hofandské vládě.
Žádosti této bylo vyhověno a odesláno šest
set tísíc marek. Komise pro spravování
jmění Vilémova odhadla toto na 75 milionů,
které budou předány státu.　　　(RTA)

Francie a Ukrajina.

Funabai 11.3 Radio Mikasa sděluje, že
franzouská a anglická listy oznamují, že
mezi Francií a protibolševickou vládou
(Petlurovou) na Ukrajině uzavřena byla
přátelská dohoda. Francouzská vláda na
smlouvě prohlašila, že zástupci Ukrajiny
budou připušténi na mírov u konferencí a
Ukrajině, že ponese všechny výlohy, spojené
s tažením proti bolševikům a dodá k tomu
vyšších potřebné materiály. Ofici-
elně však zpráva potvrzena není.

Porážky bolševiků.

Vladivostok 12.3. „Japan Advertiseru"
telegrafují z Londýna: „Die telegramu
s-listrukho koraspondenta „T meau" v Cři-
cendě", velíka generála Denikina rozšířuji
své úu-ěchy na cal-m Kavkaze a pobřeží
Kaspiekého m řa. Od začatku Denikino-
vých operací bolšvicí ztratili na mrtvých
raněných a zajecých přas 80 tsic mužů
Slecy o tom, že generál Judeničč obdrže
materiel premocí a spojenců a postupuje
na Petrohrad, vyvolaly v městě paniku.
Zdemíční tret -na Pskov je rozebrána asi
-v 100 verstach od Petrorada.

Boje u Vindavy. Bolševicí žádalí
prodlo žení příměří.

Vladivostok 8 března. Jískrová zpráva
z Berlína hlasí, že na vindavské železnici
bylo svedeno několik bjů místního význa
mu. B láševicí a velkými silami út-ěili na-
rem na Misirgod, avšak byli od sazení Db-
kává se nový náspup bolševických vojsk pod
velením Trockého. (?) Dle zprav z Litvy
bolševicí žadali o prodloužení příměří, ale
Litevci ozn tili a rozkázali sověts tým voj
skám, aby neprodlené vyklidila území. (?)

Uzefejnéní t jných smluv.

Vladivostok 10. března Japonské radio
s ělí je, že na společné porada japonských

ministrů zahraničních záležitostí, vojenství
a námořnictví bylo rozhodnuto uveřejniti
tajné smlouvy Japonska s Čínou í s přísluš-
nými dodatky. V nejblížších dnech bude o
tom vyrozuměna čínská vláda, načež smlouvy
budou uveřejněny v celém svém obsahu.
　　　　　　　　　　　　　　(RTA)
(K tomuto rozhodnutí bylo ovšem po-
řeba velkého hluku, který dělali činíti de-
legáti na mírove konferenci, vyhrožujíce
Japonsku uveřejněním těchto smluv.)

Nepokoje na Koreji.

Vladivostok 6. března. Reuter sděluje ze
Seulu, že Korejci uspořádali velkou demon-
strací a žádali nezavislost Koreje. Demon-
stranti prošli až ko dvoru, v kterém leží
télo bývalého cisaře korejského. Město je
přeplněno venkovským lidem, který přišel,
aby se zúčastnil pohřbu zesnulého. Policie
a četnictvo učinily opatření, aby zamezily
rozšíření nepokoje.

Kontrola nad sibiřskou magistrálou.

Charbin 12. 3. (Radio). Spojenecká kon-
trola nad sibiřskou magistrálou zavádi se
dnem 15. března z. st. Dle přijaté smlouvy
správí řídí se stávajícími ruskými zákony
a ustanoveními a jsou povinni podříkovati
se rozkazům inž. Stevensona. V čele mezi-
národní spojenecké komise stojí ruský
ministr železnic Ustrugov. Technický výbor
v čele se Stevensonem přijel do Charbinu
14. března.　　　　　　　　(RTA)

Odchod ministra zásobování.

„Naša Zarja" sděluje, že ministr výživy
a zásobování N. S. Zefirov podal vrchnímu
správci Kolšakovi žádosti, aby ho sprostil
úřadu.

Konec bolšavíckého vůdce Přiamufi.

V Blagověščensku byl zab't 9. března
předseda amurského sovdepu. Muchin, který
při vyječnávání se přičinil. Se organizoval a
řídil povstání v kraji, a vyzradil ostatní vůdce.
Příznal se, že zabraňoval zajatce Maďary
k obraně sovětské vládž. By je mohl vy-
plácet, prodával Čnandu zlato za účastí
vyšších bolšavických úřadů. Před měsícem vrátil
se do Blagověščensku, aby znovu organizo
val povstání a pouze zrádou státu kraeno-
armějců vzalo jeho plán. Při zatžení byla
nalezeno u něho 750 000 rublů. Muchin byl
odsouzen vojeským polním soudem k trestu
smrti. Při cestě do vězení byl však ubit,
ježto se pokoušel o útěk.　　　(RTA)

Různé.

Lyon 14-3. Z Kodaně. Cestující, při-
jíždějíci ze Šasvíku, sdělují různé fakta,
podle níchž možno soudit, že německá
vojska vyklizují severní Šlasvík.

V pátek o 1. hod. byl předveden před
élečnou radu, již předsedal slukovník
Hírert, Emil Cottiv, který 19. úora vy-
střelil 9 ran na Clemenceaua.

V d-vostok 12 3. Časopis „Japan
Chronicle" sděluje, že čnský president
…. řijetí domácí mírových delegátů
severu. (Jedná se o delegaty při vyjedná-
vání o mír mezi čínsým severem a jihem.
Pozn. red.)

Žádost.

Žádám bratra u divišlního oboru č. 2, který
vzal pro mne oblaší 11 u na 500 rr., spaný upon
se na jméno v b. n 1918 u hr. Nikolaje Byra, obe
lon č. 2. divišlního pakáren č. č. v Krasnajarsku
na jméno Frant. Vaško, aby jej zaslal na adresu
Frant. Vaško, správa střel t. č. v Kazak.

『덴니크』 1919년 3월 18일 제331호 기사 4면

Roč. II. Čís. 73. (340)   Irkutsk, v pátek 28 března 1919.   Cena 20 kop

ČESKOSLOVENSKÝ DENNIK

ЧЕХОСЛОВАЦКІЙ ДНЕВНИК

Československá republika.

V obsazeném Prešporku.

Washington, D. C. — Prešporok padol do rúk Čechoslovákov dňa 2. ledna. Dvoma dňami pred jeho pádom maďarská vojenská rada mesta Prešporka uzavrela, že za žiadnu cenu nevydá mesto československým armádam, ale že ho bude brániť do krajnosti. Vydala v tomto smysle vyhlášku na obyvateľstvo, aby v obrane mesta každý pomáhal. Táto obláška však nemile dokla sa prešporských Nemcov, ktorí, súc väčšinou obchodalci, pozerajú do budúcnosti a uznali, že pre nich rozhodne lepšia bude budúcnosť v republike československej, než v štáte maďarskom alebo rakúskom, už i preto, že Československí chcú zbudovať z Prešporka veľký dunajský prístav, zdostredňovať by za skoro väčšie obchod medzi západnou a východnou Europou, a preto hneď nato zvolala Nemecká Rada valné shromaždenie, stojac na tom stanovisku, že o osude mesta bez tak rozhodne až len mierová konferencia, i vyniesli rezolúciu, aby Prešporok bez odporu bol vydaný československému vojsku. Nakoľko Nemci v Prešporku sú vo väčšine, dá o sa očekávať že mesto pokojnou cestou bude prevzaté. Maďari predsa však pokusili sa odporovať.

Keď na Čechoslováci vnikli do mesta a išli významné body, v noci, medzi 2 a 3 nem došlo na uliciach k výtržnostiam, ačkoľ však skoro sa zarudlo. Maďari dnou do tojnakou patrolou postrielovali, bolí na mieste mrtvi a ich mrtvolí vrahu obnesené boly na lampové stĺpy. ... le je nedostatok núblia. Plukovník .. ..nskej armády sdeľil deputácii, že ..žiadl, aby tomuto nedošlažnia bolo učinené.

... veliteľ československého vojska, generál Piccinne vydal 3. ledna ... k obyvateľstvu prešporskému, ...vori: "P..ši sem menom Spojench obsadil Slovensko dľa podmienok Spojencami. Očakávam že obyvateľstvo bude rešpek... maďu moc severen. M j u ... ..hdzaj poriadok v obsade-... ..havam. že obyvateľstvo ... ..mece podporovať.

... vydaly aj maďarské ... obyvateľstvo k poriadku. ... .. obsadení Prešporku totok? "Prešporok obsa-... ..ejenským a plukovník ... ..du pešieho ... ..dmicky — pozn. red.) ... vojska zdražnoli, že ... ..pojenským Sosta... ..každý po troch ... ..omatov. Bezpeč-

nostnú službu mesta vykonáva mestská polícia a robotnícka gárda. Maďarské vojsko, ktoré táborilo v Prešporku, bolo odzbrojené.

Všetky pešťianské listy písaly 3. ledna o obsadení Prešporka Čechoslovákmi. Maďarský vládny komisár, Jankó vraj v najbližších dňoch opustí mesto. Prehlásil, že pred príchodom československého vojska pôsobil na obyvateľstvo upokojujúcim spôsobom; nastaly sice chvíľkové výtržnosti, ale drev je už v Prešporku pokoj a poriadok. Maďarské časopisy sdeľujú, že československá posádka chová sa veľmi slušne.

Drobné zprávy.

Dolnozemskí Slováci obsiahli samosprávu.

(Československá Tlačová Úradovňa.)

Washington, D. C. — Dolnozemskí Slováci tešia sa už zo svobody, ktorú im skytá Juhoslaviansky štát, kam teraz patria. Slovenské osady v Banáte, v Bačke a v Banáte obdržaly určitý druh samosprávy a patria k juhoslavianskej vojvodine s hlavným sídlom v Novom Sade. Ministrom a správcom tejto vojvodiny stal sa dr. Avgost Ráth, bývalý advokát v Nemestove, Orava, a pozdejší redaktor "Slovenských Ľudových Novin", požehže "Hámika".

Výžíva ľudu a veľkostatky.

Washington, D. C. — Dnes neplatí už v zemiach československých starý rakúsky spôsob hospodárení plodinami. Dnes musí velkostatky poctivé a svědomité odrecíť podľa skutočné úrody, ktorá je dobre zjistiteľná. Does nebudou falešné číslice sklizné nikým viac, jako tomu bolo za rakouského režimu, kdy tyto žertové číslice zo známych dôvodů potvrzovali váleční činitelé. Správcové a zodpovědní činitelé nesmí sa dnes propôjčiti k rôznym manipuláciam, dříve obvyklým, nebo dnes národ je strážcom výžívy své a úřady politické musí bedelivě kontrolovati, čo se všetko vyrobí, čo odvedeno, čo co dříve bylo odvedeno, čo co obyvateľstvo ma. Dnes je nemožná podpora velkostatků se strany úřadů anebo pasívni jejich resistence. Velký by byl omyl toho, kdo by s tim počítal. Velkostatky musí rychle a úplně splniti svou povinnosť. Těm, kteří nemají vymlačeno pro nedostatek lidí, dodány jsou pracovní síly obecními žátvovými komisami.

Čeští výtvarníci vojsku.

Na měsíc listopad propújčen byl Topičovna umělecké výstavě ve prospech postavených po legionáře. Celý přijem ze vstup nebo i provize z prodaných "děl budou odevzdány svému účelu.

Slovenský večer

konán v Obecním domě pražském dne 6. listopadu ve prospěch Českého srdce. Úvodní slovo měl redaktor Ant. Štefánek.

Osmého listopadu

vzpomenulo Národní divadlo zvláštním představením, v němž zvolena pro tento den zvláště významná hra Viktora Dyka "Posel."

První chvíle československé samostatnosti ve filmu.

Slavnostní okamžiky návratu československého národa k samostatnosti zachyceny byly českými společnostmi, jež k tomu cíli utvořily sdružení "Československý film," mající za účel živými obrazy zpravovať zemi československé i cizinu o všem pozoruhodnem z našeho života.

Povaha mezinárodních sporů.

Každý spor v jádru je střetnutí dvou nebo více protichůdných zájmů; vždy však určitý zájem je chráněn státní autoritou, tím stává se právem, spor o něj je sporem o právo. Tento spor o právo může býti dvojího druhu:

První: spor vlastníka i zloděje. Zájem vlastníka na držení i užívání věci zákon chrání, činame tudíž, že vlastník má právo na věc. Zájem zloděje na držení neb užívání věci zákon nechrání, naopak pronásleduje krádež jako bezprávie. Právo cítíti se i v konfliktu a bezprávím i zákon (stát) moci dává průchod práva.

Druhý: dva sousedé se soudí o hranice proto, že mezníky se ztratily. Oba tvrdí že mají právo, t. j. že jejich zájmy odporodají podmínkam, které klade zákon. Ve sporu takovém jde o zjištění, na čí straně jsou tyto podmínky splněny a tomu pak se dá za pravdu.

Řešení sporů o právo prvého a druhého druhu ve státe napobně obtíží a vývoj právní dnes je tak daleko, že svémocné řešení těchto sporů je již v právním cílění civilisovaného lidstva vykořeňno.

Vedle těchto sporů o právo jsou však také konflikty zájmů, jichž ceci neospravedlňuje zájmu, ale která jsou opravedlněny důvody jinými. Uveď některé případy:

Člověk má hlad. Společnost mu jíst nedá a tudíž on sahá k svémoci, krade z hladu. Volební řád je zastaraly. Nižší třídy domácí se účast ve správe státu. Zákonnou cestou se nevyhovuje jejich požadavkům. Sahají k svépomoci — revoluci a vítězí.

Dělnictvo domáhá sa zvýšení mzdy. Pokusy o její zvýšení cestou dohody s strostaly, dělnictvo sahá k svémoci, zahájí boj — stávku.

Tyto případy ukazují, že ani ve státě, který je pánem nad životem i smrti svých občanů svémoc úplně odstraněna není a tak brzo nebude. Kdy se vzdají vyvržení společnosti revoluce? Nikdy, ne proto, že se mají právo na ni, nýbrž proto, že bez ní možná neprosadí svojich zájmů. Kdy se vzdají odborové svazy možnosti stávky? Nikdy, neboť nikdy nebudou moci s naprostým klidem spolehnouti se na to že stát dopomůže jim k jich spravedlivým požadavkům.

Otázka spočívá v tom: spory a právo řeší se na podkladě zákonnosti, spory zájmové na podkladě účelnosti. Co je zákonné, to uznati není tak těžké, o tom, co je účelné, názory mohou se velmi rozcházeti. Ještě hůře je v těch případech, kdy právo přirozené střetne se s právem historickým (zájem a právem), kdy se rodi nové právo. Z řešení takových sporů boj se nikdy nevyloučí naprosto.

Spory mezi státy jsou těhož druhu, jako spory mezi občany. Jsou to jednak spory práva, jednak spory zájmů, ještě — a to je pro spory mezistátní charakteristické — spory zájmů stojí v popředí. Všechny veliké mezinárodní konflikty jsou spory zájmové.[1]

Uvedu příklady z poslední doby. Válka rusko-japonská vyvolána konfliktem zájmu: japonského, který hledal útočiště, kam odváděti přebytek obyvatelstva a ruského, který chtěl udržeti si co nejpohodlnější východ k moři ze Sibiře. Právo nebylo tu ani tam.

Nynější válku: na jedné straně zájem Německa vytvořit hegemonii po linii Berlín—Bagdad a tím upevniti světové panství, na druhé straně zájem ostatních tomu zabrániti. Právo ve smyslu mravním bylo na straně spojenců, ve smyslu formálním, juridickém nebylo ani tu ani tam.[2]

Dá li se lehce v právní normy vpraviti řešení sporu o právo, přenechávají-li sporce strany celkem s lehkým srdcem řešení jeho někomu vyššímu, na př. státu (resp. jeho orgánů), není to tak snadné při konfliktu zájmů. Tu jmenovitě se může státi, že zájem právem nechráněný má větší opodstatnění nežli zájem chráněný právem (mysleme

[1] Spory právní se řeší buď dohodou anebo silou, ale celkem neradno tu válku (různé výpravy na př. do Číny za boxerského povstání, všelijaké demonstrace a blokády proti jihoamerickým republikám pro neplacení dluhů a pod.).

[2] Pravda, některé státy vystoupily proti Německu na obranu práva v právém slova smyslu (Ang ie následkem porušení neutrality Belgie, Amerika pro porušení zásad o povinné neutrali ta vá cví, nemůže však býti pochyby, že bezpráví Německa byla spíše podnětem k vystoupení než příčinou.

BESEDA.

Přísaha naší armády v Italii Československé republice.

II.

Po tomto proslovu zazněla úchvatná naše nár d ií hymna, zpívaná více než 20 tis cí čs osloveneských vojínů. Úchvatný okaz.kl!

Zvuky trubek oblašovaly příchod hostí, vévody torinského a generála Scipiona. V zápětí na ty fanfáry oblašovaly příchod krále, jenž opustiv automobil, nbíral se k místu, kde stáli naši zástupci a italští velitelé. Po představení a po projevu sympatie a obdivu pro náš národ i armádu, odebral se král k přehlídce vojska, načež vystoupiv na tribunu, uvítán byl trojnásobným chlubějícím „Nazdar!" Král svážnělý mohutným zájmem, vojensky pozdravil zelené moře hotov vl nícti se kolem, načež znovu v posvátném tichu zazněl zpěv naší národní hymny.

Po té přikročeno k vlastnímu obřadu, účelu slavnosti: přísaze československé armády. Kap. S ba upozornil na historický významný fakt, že dnes armáda přísahá Československé republice, načež přečte lave znění přísahy: „Ministr války nařizuje, aby na příště přísaha československého vojska měla toto znění:

My, vojáci svobodné a samostatné republiky země československých skládáme do

jen na příklady uvedené avrobu: zloděj z hladu, revolující třídy vyděděné.)

Se stanoviska práva Srbsko, domáhající se při pojení jihoslovanských zemi, bylo v nepráva a přece nemůže býti pochyby, že se stanoviska mravnosti (práva přirozeného) zájem Srbska stál výše zájmu Rakouska na podržení jich.

A nyní představme si, že by byla liga národů, jak si ji představoval Wilson, uzavřena již před 10 lety. Co sebeupření by stálo Srsko do ni vstupiti? Svět ti své svaté právo (ovšem nepsané) pro uvážení druhých, o nichž se neví, jak budou rozhodovat? Což kdyby tato liga po příkladu Svaté alliance prohlásila se pro princip legitimity, t. j. odmitla jakékoliv právo přirozené a držela se pouze práva historického? Neni to skok do tmy, připojiti se bezvýhradně k ni.

A je možno vytýkati, že na popprvé stát uvazuje a hud jisté výhrady v zájmu zachování jisté svobody jednání pro nejhorší případ?

Všeho možno se vzdáti, i bezvýhradné odevzdati rozhodnuti o bytí či nebytí nekomu druhému; k tomu však je třeba, aby tento druhý získal si důvěry sporných stran. I konflikt zájmů může býti řešen právní cestou. Tato cesta se může nejdříve osvědčiti, získati si důvěry a síly a pak svémocně řešení bude odpadati automaticky.

S-ra.

K mírové konferenc .

Porady společnosti svazu národů. Paříž 15.-3. Předseda francouzské společnosti svazu národů Léon Bourgeois vrátil se z Londýna, kde byla projednávána dobrozdání, podaná společnostmi jiných národů o projektu svazu národů navrženého prosidentem Wilsonem mírové konferenci. Porady skončily plným úspěchem.

Americký senát a svaz národů. „Naše Dáio" přinašl zpráv svého korespondenta, ze rukou vlády zemí československých tuto slavnostní přísahu: Ve jménu naší národní cti, ve jménu všeho toho, co je nám jako lidem i Čechoslovákům nejvíce svaté přisaháme, že vždy a všemi silami hájiti budeme zájmy republiky zemí československých. Jako věrni b jvníci, nesnuce ve své krvi dědictví našich slavných dějin a výbojsce pamětníci nezapomenutelných hrdinských činů našich národních mučedníků i našich husitských vojevůdců; slibujeme býti jich důstojni a přisaháme vždy s hoje mužikazi, zjíakáme nebezpečí se nevyhýbati, rozkazů náčelníků svých poslouchati, své prapory a odznaky ctíti, nepřítele o milosti nikdy a za zíjakých okolností neprositi a za zbraní v ruce se navzdáti, navzájem se milovati a v nebezpečí chrániti, smrti se nelekati a za svobodu národa a vlasti své vše, i život položiti. Tak budeme jednati a tak přisaháme.

Na poslední zvýšeným hlasem pronešena slova jako ozvěna zaburácelo: Přisaháme, třikrát opakované, dprovázena mavanim ziboků rzdoř všem vojenských předpisům — více než 20 tisíc mužů, kteří byli spoinstrájel nejslavnější epochy našich dějin a kteří jsou odhodlání dáti znovu vše pro ochranu svobody krví dobyté. Cási přín ě v odhodlaného, snad i výkušnehoé, rozprostřelo se po jejich tvářích, vyrozáno myšlenkou, že jim bude znovu a ihned plniti svatý zá-

března senátor Lodge podal resoluci podpsanou 30 republikanskými senátory, v které se vyslovuje proti ustavení se ligy národů. V resoluci se praví, že je nutno dříve uzavříti spravedlivý mír s Německem a teprve potom vyzvednouti otázku svazu národů jako prostředku k zab-zpečení vš-obecného míru. „Figaro" o nepřítomnosti Ruska na konferenci. (Vladivostok 20.-3.) Časopis „Figaro" uveřejnil článek Ganctan, ve kterém se praví, že nezastoupení Ruska na mírové konferenci je zvláštním zjevem. Okolnost, že Rusko nebylo vyzváno, je faktem, za který bude naše pokolení volat historii k zodpovědnosti. Pamatujme, že svobodné Rusko vstane znova. Ruská otázka je životní otázkou civilisace. A osvobození Ruska musí nám býti náhradou za všechna vítězství.

Spojenci žádají odstranění národní gardy v Číně. (Vladivostok 20.-3.) Ze zpráv čínských listů, pekinská vláda obdržela od svých delegátů na mírové konferenci telegram, ve kterém jí tito sdělují požadavek Anglie, Francie, Ameriky a Italie, aby byl rozpuštěn nově utvořený štáb čínské národní gardy. Delegáti doporučují čínské vládě, aby vyhověla tomuto požadavku.

Vinní i války před soud. Paříž 22-3. (Radio Mikasa.) Zvláštní komisi, která zkoumá příčiny vypuknutí války, bylo shledáno, že jednání vinníků této vojny byla tak hrozné, že je třeba, nehledě na jich stav či hodnost, postaviti je před soud, aby se zodpovídali.

Polské věci: Otázka Gdanska. Návrat komisí z Polska.

Jak sdělují francouzské zprávy, v pátek 21.-3. rejsvzší spojenecká rada znovu probíra polskou otázku. Otázka polsko-praská hranice byla znovu předána komisi, neboť Lloyd George upozornil na okolnost, že v kraji vých odě Visly bude německé oby vatelstvo připojeno k Polsku. Na to otázka ta znovu zkoumána v komisi a dříveji rozhodnutí jednomyslně přijato, což vyvětlil Liho Tyrrer (xcomoleno): Polsko bude

vazek proti nepřátelům, kteří se po nejeon posud odbůnd ani odhrožití a a utcupenou kořist. V té chvíli mysli zaleužky tam k nám do našich zemí si, aby celý národ viděl tu to ne sice mohunnou armadu, ale která svou stíou a svou vojensskou zdatnosti bude ve skutečnosti pravdou základem naší vlasti již v nejbližších dnech.

D) této chvíle, plné přísné muž jednou jazyby zavíraly z dáli svuky jejích národní bohoslužby.

P nkorui hudby, rozestarané na ebžasně zanotovaly naši národ Pod vlivem těchto prvních zvuk jejích jako s oznámených i a král, jeni tu stál s obzaž ou žádný zkamené l. Po přímpro zvuků síry. A siry byly v ticha pod dojmem přísaho čeco k dalšíma pr gramu prapor jednulyšm punk enýchh rozvinyl byl v jieli jsou nejen krásnou mensuium plukům, ale i deni vzbuzenaii obdiv

První prapor předst místopřednusda italské slovenskou samostat v-raz z-krásný p k a em z zastupe

『덴니크』 1919년 3월 28일 제340호 기사 2면

Číslo 340 ČESKOSLOVENSKÝ DENNÍK Strana 3.

až 25 mil. obyvatel, z nichž 3 mil. Němců budou roztroušeny kromě okresů Marienverder a Kos (snad Graudenz), jež nemohou odpadnout pro přímé spojení Varšavy s Baltickým mořem. Jinak by Prusko mohlo kdykoli zadržovati polskou dopravu po Visle. Okresy ty mají silné polské menšiny. Na to v pondělní schůzi spojenecké rady bylo jednáno opět o polské otázce, o dopravě polských divisí generála Hallera, jichž vylodění v Gdansku brání se Německo, navrhující jiný přístav: buď Královec, Libavu(!) nebo Memel. Byli vyslechnuti příslušní vojenští odborníci. Poznaňská vyjednávání neměla konečných výsledků. Zpráva z Lyonu 23. 3. hlásí: Mezispojenecká komise odjíždí z Poznaně v neděli večer. Vyslanec Noulens považuje missi za skončenou, ježto nemůže se déle podrobovat německé taktice.

Za to práce komise poslané do Těšínska úspěšně pokračovala a na témž pondělním zasedání spojenecké rady měl být vyslechnut její referát o určení československo-polských hranic.

Z ruského tisku.

Druhé výročí ruské revoluce v ruském tisku.

„Naša Zarja". Omsk 12. března 1919. Dnes je výročí ruské revoluce. Jak mnoho nejistoty však se krývá v pocitu, se kterým oslavujeme toto jubileum. Není té plné radostné nálady, se kterou oslavujeme jindy takovéto události. Proč? Poněvadž ruská revoluce vyjímajíc její první velmi krátké období, nešla cestou radostné národní tvorby. To bylo odumírání národa, které jej přivedlo do mnohem těžšího postavení, než-li bylo to, z něhož jsme se společným revolučním rozmachem chtěli vymanit. Druhé výročí revoluce prožíváme u vědomí té ohromné chyby, na níž budovalo revoluční hnutí, chyby politické nevyspělosti nejen národních mass, nýbrž i vůdců. Veškeré obtíže neleží jen ve vědomí našich poklesků v minulosti, nýbrž v tom, že nevíme a nemůžeme vědět, jaké následky tyto poklesky pro chod historie don m.t. Dosud v massách nevidíme výsledků historické zkušenosti, nevidíme výsledků politické ...alosti. Není však spásy pro tu soudobou zemi, která nebude s to, aby zdemokratisovala svou ...ávu a která nebude způsobilou pro státní ...bu.

...ej pozdravili, načež po odpovědi ...ým pozdravem velitel pluku odcházel ...rečníkem, aby jej postavil v čelo ... Tentýž obřad opakován při ostatních ...h. Tím uzavřen vlastní program

...im, co pluky se znovu řadily k pře...ál vyměňoval svoje dojmy s ...drem ...jemuž dojat děkoval za to, že mu ...o viděti první vojsko českoslo...ubliky, která může býti kladna ...udoucnost, má-li takové muže ... Bishopřál dále kap. Šebovi a ...íkovi.

...bral se na tribunu určenou pro ...tím již za zvuku hudby blížil ... Objevení se praporu vyvolalo ...ho obecenstva. Král a všichni ... vzdávali čest. Po té pluk ...ony, roty, defilovaly plné ...d našich vojáků a důstoj... . Bylo na první pohled ...sky zcelené těleso fy...ů, vojáků každým hnu... z charakteru našich ...okázalosti, kteří jdou ...mozřejmost. A toto ...é dvě hodiny před

...ptal se na různé ...ajímal, neskrýval

„Zarja". Omsk 12. března 1919. Německý štáb Hohenzollernů se všemožně přičinil, aby „bílou" ruskou revoluci oblažil černým dárkem bolševismu se všemi hrůzami občanské války, zrádného a hanebného Brestkého míru, orgiemi nízkých vášní. Ale soud dějin je neúprosný a rozsudek jest vynešen. Hohenzollernové padli za oběť své vlastní chamtivosti, zadusili se lidskou krví a byli svrženi svým vlastním národem. Otrávený jedem bolševismu ruský národ však se již zprošťuje hrozné nákazy, byť i ve strašných mukách a za tuhého boje. Věříme, že se v ruském národě probudí láska k vlasti, pořádku, práci a skutečné, ne hohenzollerno-bolševické svobodě.

„Zemlja a Trud". Kurgan 12. března 1919. Revoluční události, rozehravší se v Petrohradě koncem února 1917, armáda nepřijala jako protest proti vojně, nýbrž jako revoluci ve jménu vojny do vítězství. Armáda tenkráte nepomýšlela na zrazení vlasti neb spojenců. Ona věřila, že po odstranění viníků vojny, kteří nedovedli zásobit ji vším nutným, všechno půjde zcela jinak. „Pošlete doplnění frontovým částem, posílejte náboje, zásoby!" — Tak vyznívaly resoluce různých rotných komitétů, zasílaných po celý březen do Petrohradu. Požadavku: „Pryč s vojnou!" nebylo. Avšak doprava, hospodářský a finanční život v zemi byly samoděržavím tak rozrušeny, že nový revoluční Petrohrad již nemohl situaci zachránit. Stalo se, že po dvou letech „stojíme pod rozbitým korytem" revolučních nadějí. Ať však vrah národa kuje pikle jakékoliv, on nezastaví společnou práci na podporu naší hrdinské armády a se strany naší veřejnosti bude vynaloženo všecko úsilí na obranu země s neochvějným vědomím, že Veliké Rusko nemůže zahynout.

Všelicos.

Vesne.

— — — — — — — — — — — — — — — —

Milenko, prijdi, túžbou srdce puká,
za kukulienkou ktorá nežno kuká,
za dychom vlažným tvojich sladkých ústi
Už blížiš sa, hoj, aká svieža, mladá —
už holiam snežná plachta s ramien padá
a mne — do nosa brnkol mladý chrúst.

Sv. Hurban-Vajanský.

— **Anglie — královna vzduchoplavby.** V zasedání dolní sněmovny ministr vzduchoplavby žádal o poskytnutí 66 mil. liber šterlinků na vzduchoplavecký flot, který sestává ze 150 tisíc mužů. Do války anglický vzduchoplavecký flot sestával ze 6 a v době uzavření příměří již ze 200 eskader. Anglie může v této době vyrobiti 4000 aeroplánů měsíčně. Během války Německo ztratilo 8000 a Anglie 2800 aeroplánů. Ministr prohlásil, že během války angličtí vzduchoplavečtí pozorovatelé učinili Anglii královnou vzduchoplavby.

— **Organisace boje s nakažlivými nemocemi** byla provedena v Jekatěrinburgu. Město bylo rozděleno na 32 okrsků a v každém okrsku ustanoven 3členný sanitární sbor, který bude hleděti za zdravotním stavem v okrsku a zároveň bude se starati o onemocnělé. Sbor bude si také organisovati pomocníky v širším obyvatelstvu.

— **V kraji věčného sněhu.** Z prostředků obchodníků a průmyslníků byla organisována jakutská národní družina k ochraně pořádku v kraji. Družina plně podléhá vojenským úřadům. V okolí Tunktonských nalezišť chyceni krasnoarmějci a vzat jim kulomet. Tunguzi zabili Lazo, známého vůdce zabajkalských krasnoarmějců.

Poslední defiluje 89. pluk rozvědčíků a za nimi přicházejí prapory strojních pušek. Vojáci, ač nesou těžkou výzbroj, defilují bezvadně. Následují dva pluky dělostřelectva opěšalého. Vjíždí čtyři baterie polního dělostřelectva. Hoši sedí pevně v sedle, zřejmě pyšni, jako první českoslovenští dělostřelci; někteří hladí ocel svých děl. Za nimi baterie děl těžkých. Dále rota cyklistů a dva pancéřové automobily s bíločervenými pásy. Na konec dvě eskadrony jízdy. Není jich mnoho, ale národ doma bude z nich míti radost.

Naši hoši, ač jistě unaveni cvičeními, ukázali se v plné síle vojenské. Ukázali králi spojenecké země, která jim poskytla pohostinství, to nejvyšší, podle čeho se měří síla národa, co je jedinou jistou zárukou jeho budoucnosti: národní vojsko, silné nadšením, kázní a vyspělostí odbornou.

Král i vévoda turinský znovu projevují obdiv a přání, aby brzy mohli navštíviti zemi, která rodí takové syny. Po té srdečně se rozloučiv, král za nadšených ovací odjíždí.

Tím slavnost končí. Pluky odešly do svých stanovišť, obecenstvo se rozešlo, historické náměstí padovské ponořilo se v mlčení, bohatší o událost, jaké ještě nikdy neviděly jeho paláce. Viděly národ, jenž dobyl si panství ve svém vlastním domě, a jenž je nikomu více nevydá.

Z našeho vojska.

Vyznamenání našich velitelů a vojáků francouzskými řády.

Omsk 22. 3. Dnes na prostranství před „Klubem strýčka z Ameriky", konala se pod velením majora Mezla slavnostní přehlídka 6. „Hanáckého" a 1. záložního pluku, při které velitel spojeneckých vojsk generál Janin vyznamenal generála Syrového francouzským válečným řádem čestné legie a francouzským válečným křížem. Vyznamenání francouzským válečným křížem dostalo se vedle velitele armádního sboru také veliteli 6. pluku majoru Jarošovi, kapitánu Navrátilovi a bratřím Čížkovi a Axmanovi. Generál Janin připínal řády na prsa vyznamenaných jménem francouzských vojenských sil a francouzské republiky za zvuků fanfár z opery „Libuše". Slavnostnímu aktu byl přítomen plnomocník vlády Československé republiky Bohdan Pavlů a řada ruských i spojeneckých hodnostářů. Odpoledne generál Janin uspořádal na počest vyznamenaných přátelský oběd.

Upozornění.

Provokační sluchy, rozšiřované včera po Irkutsku o jedenáctém československém pluku, jsou úplně lživé; pátrá se po vinících, tyto provokace rozšiřujících, za účelem předání jich soudu.

Velitel československé posádky města Irkutska plukovník Voženílek.

Úřední zpráva

vrchního velitele západní fronty.

21. března 1919.

Západní armáda.

Menzelinský směr. Naše části obsadily v. Blisarovou a Bakaly na ř. Syn ležící 48 verst od Menzelinska. Nepřítel ustoupil zanechav mrtvé a raněné. Vzali jsme zajatce a válečný materiál. Obyvatelé v. Bakaly vítali naše vojska chlebem-solí.

Bugulminský směr. Obsadili jsme st. Vlagovar, kde jsme ukořistili veliké zásoby píce a proviantu. Nástup na m. Bugulmu trvá.

Belebejský směr. Náš nástup podél samarsko-zlatoustovské trati trvá. Východněji v úseku v. Repevky útoky nepřítele od aženy.

Preobraženský směr. Na verchně-udinské silnici jsme obsadili v. Kočkarevou, Kovalevou, Kulakovou, Amuchatevou ležící na přítoku ř. Uralu — Kizilu. Vzali zajatci a válečný materiál. Protivník přešel v nástup se strany v. Išnudina, výsledky neznámy.

Orenburská armáda.

Orský směr. Kozácké části přešly v nástup, obsadily v. Jelizavetskou a zničily několik nepřátelských děl.

22. března 1919.

Západní fronta.

Sibiřská armáda.

Kajgorodský směr. Pronásledování nepřítele trvá.

Bělorěcký směr. Obsadili jsme v. Bizajevo kde nepřítel zanechal 70 mrtvých. Vzali jsme za,

『덴니크』 1919년 3월 28일 제340호 기사 3면

jaře, pušky a patrony. Boj v úseku v. Sivinské ...

Vjatský směr. V úseku severně permská trati boje u v. Spytřovské trvají. Jižně trati po kus pešlžím o nástup na v. Kugriagovou (15 verst záp. st. Borodinka) dáni odražen. V úseku v. Po pravobřeží jsme obsadili v. Kukuškina.

Votkinský směr. Našimi částmi obsazeny v. Selivanova, Pešanka, Sauška, Pikuli ást 40 verst sov.-vých. Votkinského závod. Pokus nepřítele udržeti se u Lapi úspěchu nedosáhl. Nástup nepřítele na v. Čatovou námi odražen.

Sarapulský směr. Nástup nepřítele na v. Vašulinu zůstal bezúspěšným.

Západní armáda.

V úseku jižně sarapulské trati nástup nepřítele u Novo-Cuknrovou sami odražen.

Mezelinský směr. Na břehu ř. Bělé jsme obsadili v. Matvějevou, kde jsme vzali jeden kulomet, zajatce a jiný materiál. Obsazeno město Mezelinsk. Kořeť se vyjasňuje.

Bngulminský směr. Baze směn.

Bolebajský směr. Opustili jsme v. Šestajevou a Raran. Vedou se boje o v. Obersonský, kol Ivanovka a Sidorovka. V Avzano-Petrovském úseku činno.Jvozvědělů.

Preobraženský směr. Obsadili jsme v. Kutjatinou, kde jsme ukořistili dvě děla, 500 nábojů, patrony a jiný materiál. Také jsme obsadili v. Glabojdělina, Isomotovou, Mustajérovou, Nazarovou, Ozyzgblian, Makavovou a st. Sabajevou. Nástup trvá.

Orenburská armáda. Bez podstatných změn.

Semiróčje. Srážky vyzvědných částí.

Různé zprávy.

Zastoupaní Němců v pražské obchodní komoře.

Omsk 22.-3. Z Prahy se sděluje, že Němcům povoleno poměrné zastoupení v administrativní komisi československé obchodní komory.

Převrat v Uhrách?

Lyon 23-3. President maďarské republiky Karolyi právě přijal demisi maďarského kabinetu a pak sám podal demisi. Příčinou tohoto vládního převratu prý je zřízení spojeneckými mocnostmi neutrálního pásma v šířce 200 km, aby zamezily řeškery siý Maďarů a Rumuny až do stanovení hranic maďarsko-rumunských. Hrabě Karolyi vedl již jistou dobu proti Rumunsku kampaň ve prospěch celistvosti bývalého Uherska.

Druhá zpráva z Lyonu: Kabinet Karolyiho podal demisi, vláda je v rukou bolševiků. Předsedou lidové rady je Alexandr Garbay, zahraniční záležitosti řídí Bela Kun. V prohlášení nové vlády jeví se snaha demokratickými hesly zabránit osvobození Slovenska. Zastoupí spojeneckých vojsk jakož i Čechoslováci se zřetelem na hnutí v Uhrách, jež ohrožuje podmínky ujednaného příměří, nuceni byli svými vojsky prozatímně okupovat čá t maďarského území.

V kratšaé zpráva z Kodaně hlásí, že pod vrchním velitelstvím kapitána Gregori utvořila se armáda 70 tisíc(), aby podporovala novou maďarskou vládu.

Uznání nových států.

Paříž 20-3. Belgická vláda uvědomila polského vyslance v Bagli za uznání su verénitu polského státu. Tatéž zpráva sděluje, že srbský vyslanec ve Švýcarsku uvědomil vládu švýcarskou konfedere o uznání Jihoslovanského státu ze Srbů, Chorvatů a Slovinců pod suverénitou Karolingiů. Federální rada oznámila Jihoslovanský stát s odmíšenou, že budou přesně vytčeny jeho hranice.

Vladivostok 26.-3. Vzhledem k snahám estonského národa, Japonsko uznalo samostatnost Estonie, jako již dříve učinila trojdohoda.

Polsko se připojuje k spojencům

Varšava 16. března. Otázka o připojení se P.lska k spojencům byla polským sněmem rozhodnuta příznivě. (RTA)

Hospodářský svaz Luxemburku se čtyřdohodou.

Paříž 20.-3. (Úřední z ráva.) Vláda velkovévodství Luxemburského učinila předložení francouzské vládě písemný doklad, ve kterém dokazuje, že obyvatelstvo si přeje uzavření hospodářského svazu se státy čtyřdohody. Luxemburská vláda klade dále požadavek, aby zemi nahrazeny byly škody způsobené jí válkou. (RTA)

'Times' o odzbrojení.

Vladivostok 20. března. Japonská úřední depeše sděluje: Londýnské 'Times' v úvodníku o zrušení branné povinnosti v A.glii píše: "Zrušení branné povinnosti je zcela přípateiné s ří podmínkami, k nímž spojenci musi donutit Německo, jež je tak výbojně naladěno. Avšak Anglie nesmí nutit druhé velmoci, aby zrušily brannou povinnost a omezily zbrojení. O účelu zbrojení učiné stačí od zaměžané polohy dotyčých států, proto Angli, která má zcela zvláštní polohu zeměpisnou, nemůž vnucovat svou nesouv drnouým velmocem. Naopak me přistoupit na to, aby Francie vydržovala silnou armádu, schopnou za tisíci vyplnění podvinek míru nepřátelskshl stály i za bespečši budoucí mír."

O připojení Rakouska k Německu.

Paříž 18. března. Z Basleje se sděluje: ... při volbě vlády státní kancléř přednesl vládní prc gram. "První povinnosti rakouské vlády buda", pravil mezi jiným, "zajistit si právo sebe určení. Naše zahraniční po litika buda sledovat vidčř myšlenku připojení k německé vlasti. Vláda bude povinna čovat energicky ve vyjednávání s Fš nemeckou a bude se snažit přilít k cII co nejrychleji."

Osud rakouského parníku.

Paříž 21. března. Bývalý rakouský parník "Kobr" připlul do Havru pod spojeneckou vlajkou a francouzským velitelstvem lieutentem Pzonierem. Posádka bude zaměněna francouzským mužstvem a loď převzme námořní transitní společnost. "Kobr" byl zadržen 25. srpna 1914 a internován v Cadixu.

Mezinárodní hygienická rada.

Lyon 22-3. Úřední výbor společnosti Červeného kříže usnesl se svolati do Ku(?) a den 1. dubna konferenci za účelem zřízení mezinárodní hygienické rady s ústřední zdravotní kanceláří. Program rady bude před.l žen na projednání veřejné schůze společnosti Červeného ř že, kt á se buda konati v Ženavě za měsíc po zařízení míru. (RTA).

Nástup ruské armády.

"Russkaja Armija" sděluje, že sibiřská v.jska rozsím.jí za.čsené srů nástup na celé fr nté 300 verst dlouhé. Nepřítel za jmén.rychle ustupuje v orenburském směru. Boševici vyklizeli Votkievský závod. Dolši zprávy, že v Směřkau je povstání proti bolševikům. De zprávy francouzské "Gols Sibiřsko" také v Kezani a okol. e povstalí proti bolševikům. Na povstání se zúčastněno okolo 40 tisíc lidí, z nichž ...

je asi polovina Sibiřaků vracejících se ... německého a rakouského zajetí. Povstání problem se prý k sibiřské armádě ve směru na Manzelinsk.

Ústup bolševiků z Litvy. Spojenci a Litva.

Lyon 23. března. Z Brnu litevská kancelář oznamuje, že bolševici nastupují na celé frontě. Litevský štáb doufá znovu v brzku míti hlavní stan v městě Vilné. V jiné zprávě též kancelář sděluje, že přeď...tatitel Velké Britanie a dva vojenští attaché jsou tyto dni očekávání v K.vnu. Litevská vláda uzavřela obchodní smlouvu s Anglií, kterou se několik desítek milionů. Litvé zboží se několik desítek milionů. Anglická mise v Kovnu zkoumá stázku zásobování Litvy. Do Kovna přijela též francouzská vojenská missa.

K situaci v Oděsse.

Lyon 22. 3. Vrchní velitel francouzské armády na Východě gen. Franchet d'Esperay byl požádán, aby jel do Oděssy vysvětlit vojenskou situaci Ukrajiny. Do Oděssy měl přijet v pátek nebo v sobotu. (Dle této zprávy Oděssa dosud není evakuována.)

Japonsko a korejské hnutí.

Mandžuria 20.-3. Japonský guberátor Korei vydal prohlášení, v němž vysvětluje, že Korea zůstane pod svrchovaností Japonska a zájmy národa že buda respektovány. Dějiny dokazují, že korejský národ není schopen samostatné a civilisované a pokraovať politicky i hospodářsky. Korea ja-jo sou.asná prý pod vlivem některé ze sousedních mocnosti a za zprávy japonské práve může dosíci všestranných úspě.ch. Za zatčených 1000 Korejanů bylo již 500 propuštěno. ostatní jsou vyšetřování.

Na Východě.

Vladivostok 20 3. Štáb japonských vojsk sděluje, že bolševický oddíl u-tupuje verst Bočkareva vyhnul se A.exijevsk přešel řeku Zeju a ustupuje podél amurské dráhy ke st. Gondatijévskou, která je v rukách Ja.onců. Hmotné postavení bolševiků je špatné.

Vojenští kontroloři drah.

Irkutsk 21.3. Na Z.bajkalské že (Irkutsk-Mandžuria) je u ustanoven. ... ontrol ři, jichž povinnosti le řad řykona.st remontních prací, r něm (odersdní) nakládání zboží, r ... ž.sní a srá-ami l nad techa a chodní činnosti starších agen...

Po Sibiři.

— Ve Vladivostoku byl zakonč. chišlal ajezd. Na místo konsistč tvořeno epa chišlní rada.

— Lesí "Sibes" vy.renná v divostoku a s.uvron.ým nak.... no Oděssy 15. března. Ja to z… ktera od zečatku války byla v.oast v O.ě.sa syko.ana.

— Důchod ruské státní p. ního průmyslu za r. 1918 rubíů.

— V rozpočtu Sprav. na Sachalině na rok 1 i es no bohatství 2 n ...

Prost ... Vasilij Michajlovič Gr... brada, ... a redakta ... pr.redpoželdě menhas ... ných řasti. Kdo o pro na adres.u Alexandr M ... No... 17 v 6 hodin věer ... Vydává Českslov...

『데니크』 1919년 3월 28일 제340호 기사 4면

『덴니크』 1919년 3월 28일 제340호(이르쿠츠크에서 인쇄)

일본과 조선의 독립운동

만주 3월 20일

일본의 조선총독이 성명서를 발표하였다. "조선은 일본 통치 아래에 남을 것이며 조선의 국익은 존중받게 될 것이고 역사가 증명하듯 조선은 독립적으로 문명화될 수 없으며 정치적, 경제적으로도 자립하여 지속할 수 없으므로 조선은 인접한 강대국들의 영향력 아래에 놓여 있어야 하는 것으로 판명되었으며 조선은 일본의 통치하에서만 다방면에서의 성공을 이룰 수 있다"고 밝혔다. 감옥에 수감된 1,000명의 조선인 중 600명이 석방되었고, 나머지는 현재 조사를 받고 있다.

『덴니크』 1920년 3월 7일자 보도

일본군 이나하기 대장이 러시아 당국에 항의 서한을 보내 "일본에 예속된 한국이 러시아 영토에서 일본에 대항하기 위해 무기와 군수물자를 획득할 수 있는 가능성이 생겼다"고 주장했다. 이나하기 일본대장은 이 서한에서 "1월 20일 (소련)임시정부가 한국인들의 무기 구입을 금지시키는 명령을 내렸지만 이 명령은 여전히 서류상으로만 남아있다"고 주장했다. 이나하기 대장은 "만일 러시아 당국이 조치를 취하기를 꺼리거나 할 수 없다면 일본군이 어쩔 수 없이 상황 통제를 감독하게 될 것"이라고 경고했다.

2. 한국신문 『중앙일보』의 취재

이 글의 원제는 "시베리아 휩쓴 '설국열차'의 체코군단 무기가 독립군 청산리 대첩 이끌었다"이다. 채인택 중앙일보 국제전문기자가 취재하고 작성한 2018년 11월 30일자 특집기사를 전재하였다.

약소민족 '독립 의지의 꽃' 체코군단

제1차 세계대전(1914~1918년) 당시 오스트리아-헝가리 제국의 군대에 징병 돼 전선에 배치됐다가 러시아군에 포로가 된 뒤 독립을 위해 총부리를 거꾸로 돌린 '체코 군단'을 가리킨다. 러시아군 속의 체코 군인들이다. 이들을 포로수용소로 가는 대신 러시아군의 지원을 받아 러시아 군복을 입고 러시아제 무기를 든 채 전선에서 오스트리아-헝가리군이나 독일군에 맞섰다.

이들은 1914년 7월 제1차 세계대전이 터지자 오스트리아-헝가리 제국 영토였던 체코와 슬로바키아에서 징집된 군인이다. 전쟁 발발 전 합스부르크 왕조가 지배하던 오스트리아-헝가리 제국은 헝가리 의회를 분리해 이중 제국을 이뤘다. 오랫동안 체코를 이룬 보헤미아와 모라비아 지역은 오스트리아, 슬로바키아 지역은 헝가리의 영토였다. 합스부르크는 체코 지역에도 별도 의회 설치를 허용해 삼중제국을 만들려고 하다가 세계대전을 맞았다.

블라디보스토크로 이동 중인 체코군단

체코 군인들 러시아에 항복해 총부리 돌려

체코 징집병들은 러시아와 싸운 동부 전선에 가장 많이 배치됐다. 이 과정에서 일부 체코인과 슬로바키아인은 오스트리아-헝가리와 독일이 소속된 동맹군이 아닌 연합군 편에서 싸우면서 나중에 독립 국가를 건설할 꿈을 꾸었다. 모든 슬라브족이 하나의 공동체를 구성하자는 '범슬라브주의'의 영향도 있었다. 19세기 말부터 고향을 떠나 러시아로 망명해 살았는데 일부 체코인과 슬로바키아인은 러시아의 편에서 오스트리아-헝가리 제국에 맞서 싸우는 것이 독립에 유리하다는 입장이었다. 징집돼 전선에 투입된 체코와 슬로바키아 청년 사이에서 이에 동의하는 움직임이 일어 기회가 되면 러시아군에 투항했다. 일부는 의도적으로 집단 탈영해 러시아 쪽으로 귀순하기도 했다

1914년 8월 러시아군 최고사령부는 전쟁포로를 포함해 러시아 제국 내 체코인과 슬로바키아인들로 구성된 부대의 구성을 승인했다. 러시아 군복을 입고 러시아제 무기를 든 체코와 슬로바키아 출신 군인들은 그해 10월 러시아 제국 육군 제3군 산하로 배속돼 최전방인 갈리시아 전선으로 보내졌다. 갈리시아는 현재 폴란드 동남부와 우크라이나 서북부를 이루는 지역으로 당시에는 오스트리아-헝가리 영토였으며 1차대전 당시 격전지였다. 체코인들은 러시아 외에도 프랑스, 이탈리아, 세르비아 전선에서도 싸웠다. 이들을 '체코군단'이

열차로 블라디보스토크로 이동 중인 체코군단 단체사진

라고 부른다[출처: 중앙일보] 시베리아 휩쓴 '설국열차'의 체코군단 무기가 독립군 청산리 대첩 이끌었다

러시아 혁명 볼셰비키, 타협하고 전쟁 이탈

그런데 결정적인 문제가 생겼다. 러시아 혁명이다. 러시아에선 1917년 3월(당시 러시아 달력으론 2월)에 '2월 혁명'이 터지고 로마노프 왕조가 전복됐지만 새로 들어선 알렉산드르 케렌스키의 임시정부는 1차대전을 계속 치르기로 했다. 그런데 1917년 11월 7일(당시 러시아 달력으론 10월) 볼셰비키가 적위대를 동원해 임시정부 청사인 겨울궁전을 점령하는 '10월혁명'을 일으켜 정권을 탈취하면서 상황이 달라졌다. 임시정부를 전복하고 정권을 차지한 볼셰비키는 10월혁명 이듬해인 1918년 3월 러시아가 맞서 싸우던 동맹국(독일, 오스트리아-헝가리, 불가리아, 오스만튀르크)과 브레스트-리토프스크 협정을 맺고 서부의 광활한 영토를 포기한 뒤 전쟁에서 이탈했다.

그뿐만 아니라 볼셰비키가 정권을 차지하자 이에 반발하는 반혁명군이 백군을 조직해 저항에 나서면서 러시아 내전이 발발했다. 1922년까지 계속된 내전에서 적군 120만, 백군 150만의 사상자가 발생했으며 러시아 전역은 피바다가 됐다.

열차로 블라디보스토크로 이동 중인 체코군단 단체사진

"지구를 빙 돌아서라도 전투를 계속하겠다"

러시아군 속의 체코 군인들은 난처해졌다. 그들의 입장에선 자신들을 후원하던 제정 러시아가 몰락하고 권력을 차지한 볼셰비키는 중동유럽 슬라브계 소수 민족을 지배하던 오스트리아-헝가리 제국과 전투를 중지했기 때문이다. 이들에게 체코 독립운동 지도자였던 토마스 마사리크의 지침이 도착했다. "러시아 내란에 가급적 휘말리지 말고 목숨을 잘 보전해 서방으로 가라." 서방은 독일이나 오스트리아-헝가리군과 계속 싸우고 있던 프랑스나 이탈리아 등의 서부 전선을 가리킨 것이었다.

러시아군 소속 체코군단은 자체 무장력을 바탕으로 독자적인 부대를 조직해 행동에 들어갔다. 이들은 서부전선으로 가서 계속 싸울 방법을 찾았다. 처음에는 러시아 북부 아르한겔스크 항구를 통해 서방으로 가는 방법을 모색했다. 영국과 프랑스 등이 백군을 지원하기 위해 이 지역을 거쳐 군대와 선박을 보내고 있었기 때문이다. 하지만 내전이 격렬하게 진행 중인 러시아 중심지를 거쳐 북부 항구로 가는 것은 사실상 불가능했다.

서쪽은 독일과 오스트리아-헝가리에 막혀 있고 북쪽으로 가자니 내전이 한창인 상황에서 이들의 선택은 '동쪽'이었다. 결국 이들은 시베리아 철도를 이용해 비교적 전투가 '덜' 격렬했던 시베리아를 거쳐 극동의 항구 블라디보스토크로 향했다. 서방으로 가서 프랑스나 이탈리아의 서부 전선에서 독일이나 오스트리아-헝가리 군대와 싸우려면 시베리아를 거쳐 블라디보스토크에서 배를 타고 가는 수밖에 없었다. 지구를 한 바퀴 도는 긴 여정이다.

체코군단, 시베리아에서 '설국열차' 연출

이들은 이동 수단인 열차 수백 량을 구해 여기에 병력은 물론 무기와 식량, 일

용품을 싣고 유라시아 대륙을 동서로 관통해 러시아의 동쪽 끝, 태평양을 향했다. 수백 량의 무장 열차가 꼬리에 꼬리를 물고 시베리아를 횡단했다. 눈에 덮이고 사방이 온통 얼어붙은 겨울 시베리아

시베리아 횡단 중 잠시 정차한 열차 앞에 도열한 체코군단

를 지날 때는 영화 '설국열차'와 다름없는 절박한 풍경을 연출했을 것이다. 이 기나긴 열차 행렬에는 병영은 물론 병원과 우체국, 신문사, 은행까지 있었다. 체코인들은 의지와 시스템 모두를 갖추고 있었다.

체코군단은 볼셰비키에 호의적이진 않았다. 하지만 서부전선으로 가는 일이 급했기에 이들과 싸울 때는 싸우고 협력할 때는 협력하면서 러시아 내전에 휘말리지 않으려고 노력했다. 필요하면 백군과 함께 이동하기도 했다. 그 반대로 백군 장군과 러시아 제국이 과거 소유했던 백금 등을 볼셰비키에 넘기고 동쪽으로 가는 열기도 했다.

볼셰비키는 1918년 7월 17일 제정 러시아 마지막 황제 니콜라이 2세와 가족을 우랄 산맥 남부 예카테린부르크에서 집단 총살했는데 당시 체코군단이 이 도시로 접근하고 있다는 정보가 들어오자 초조한 나머지 일을 저질렀다는 주장도 있다. 당시 혁명에 반대하는 연합군은 체코군단의 철수를 돕기 위해 무기와 물품 등을 지원했다. 당시 일본의 시베리아 출병도 실제로는 영토적 욕심에서 이뤄졌지만, 표면상 명분은 체코군단의 철수 지원이었다. 이처럼 체코군단의 시베리아 횡단은 세계사적인 사건이다.

블라디보스토크 점령하고 귀국 진행

체코군단이 볼셰비키의 붉은 군대와 제정러시아를 복구하려는 백군 사이의 내전이 한창이던 러시아와 시베리아를 거쳐 동쪽 바다에 도착한 것은 1918년 7월 6일이었다. 체코군단은 극동의 적군과 전투를 치른 끝에 블라디보스토크 항을 점령했다. 체코군단은 이 항구를 연합군 항구로 선포하고 모든 연합군 선박에 항만 시설을 개방했다. 몇 달 뒤인 1918년 11월 11일 독일이 항복하면서 1차대전이 끝났다.

체코군단은 이곳에 1920년까지 머물면서 선박을 수배해 유럽으로 차례차례 떠났다. 체코군단이 블라디보스토크에 주둔할 당시 발간한 신문 『덴니크』는 1919년 한국에서 3·1운동이 일어난 지 17일 만에 소식을 전했다. 그 뒤에도 두 차례 더 기사화했다. 세계사적 사건의 주인공인 체코군단이 또 다른 세계사적인 사건인 3·1운동에 관심을 가진 셈이다.

가이다 장군, 독립군에 무기 넘긴 걸로 추정

주목할 점은 당시 만주와 연해주에서 활동하던 우리 독립군이 체코군단에서 흘러나온 것으로 보이는 무기를 사용해 일본군과 전투를 치렀다는 사실이다. 체코군단은 보유한 무기를 잘 수습해서 가져갔는데 일부에서 유출됐다. 당시 체코군단의 라돌라 가이다 장군은 블라디보스토크에 머물다 비교적 나중에 귀국했는데 그가 지휘하던 부대가 보유 무기의 일부를 한국 독립군에게 넘긴 것으로 추정된다. 체코군단이 체코로 가져가 보관하던 유물 중에는 은비녀와 반지 등도 있다는 점이 유력한 근거다. 당시 독립군이 연해주와 만주에 이주한 우리 동포들로부터 이렇게 독립자금을 현물로 받아 이를 들고 체코 군단을 찾아가 무기를 구했을 것으로 짐작할 수 있다.

체코군단 무기는 미국이 지원

독특한 것은 체코군단이 보유하던 무기는 러시아제가 아니고 미국산이라는 점이다. 산업시설이 부족했던 제정 러시아는 자국 육군의 기본무기인 모신나강 소총(M1891)을 적기에 충분히 생산할 능력이 없었다. 그래서 1차대전이 발발하자 미국의 레밍턴사에 150만 정을, 웨스팅하우스사에 180만 정을 각각 주문했다.

1917년 러시아 혁명이 일어날 때까지 75만 정을 제작했는데 수송 문제로 47만 정만 납품했다. 혁명으로 납품을 못 하고 남은 28만 정은 미군이 인수했다. 일부는 러시아 혁명에 개입하기 위해 투입된 연합군에 공급됐다. 5만 정은 체코 군단에 공급됐다. 이 체코군단이 블라디보스토크를 떠나면서 일부 무기를 한국 독립군의 손에 들어온 셈이다. 우리 역사에는 체코 무기라고 알려졌지만 이는 미국산 러시아 소총이었다.

독립군은 이 무기를 바탕으로 화력을 강화할 수 있었을 것으로 보인다. 홍범도 장군이 1920년 6월 6~7일 벌인 봉오동 전투, 홍범도 부대를 비롯한 독립군 연합부대가 10월 21~26일 치른 청산리 전투의 승리에서 사용된 무기가 이것으로 짐작할 수밖에 없다. 독립군 사진에서 보이는 무기는 맥심 기관총과 모신나강 소총으로 보인다. 게다가 당시 이 지역에서 이런 무기를 구할 수 있는 곳은 체코군단이 가장 유력하다. 물론 전투를 치르던 백군과 적군이 돈을 받고 팔았을 가능성도 있다. 체코군단의 시베리아 횡단은 물론 한국의 독립운동은 이처럼 대단히 국제화된 환경 속에서 이뤄졌다.

청산리전투승전기념(추정)

제4장

운반運搬

왕청현 나자구

운반運搬

무기반입 경로

러시아지역으로부터 무기를 반입하는 경로는 크게 세 갈래로 볼 수 있다.

<경로 1> 우수리(烏蘇里) 연선 방면 → 왕청현 오지 방면

철로로 니코리스크를 경유 또는 스파스카야 유정구(柳亭口) 역 방면으로부터 육로 국경역 포그라니치나야 부근으로 나와서 교묘하게 국경을 넘어 둔전영(屯田營)통로 또는 삼차구(三岔口)를 경유 대조사구로(大鳥蛇溝路)로 나와 수분하원(綏芬河源)을 돌아서 왕청현 오지 나자구 지방으로 들어오는 것이다.

<경로 2> 추풍(秋風) 방면 → 왕청현 오지 방면

동녕현의 국경 호포도하(胡布圖河) 연선 또는 삼차구에서 국경을 넘어 대조사구로(大鳥蛇溝路)로부터 물길을 따라 노흑산(老黑山)으로 나와 72개정자(七十二個頂子)·나자구·화소포(火燒舖)를 거쳐서 훈춘현 大荒溝 또는 왕청현 춘명향 서대파 방면으로 나오게 된다.

<경로 3> 남부 연해주 지방 → 훈춘현

훈춘현 국경 방면으로부터 반입한 것은 주로 홍기하(紅旗河)의·상원(上源)지방 삼림 지대 또는 바라바쉬 방면에서 교묘하게 국경 감시를 피하여 훈춘 오지 방면으로 들어오게 된다.[64]

경로 1, 2는 모두 나자구 지방으로 들어오거나 나자구를 거쳐서 훈춘현 등의 방면으로 향한다. 나자구는 왕청현의 골짜기로 노흑산 기슭에 해당된다. 이동휘 등이 나자구 무관학교를 만들었던 곳이다. 훈춘현 대황구 및 왕청현 서대파 등은 북로군정서의 본부가 있던 곳으로서 독립운동단체들과 유관한 면모를 보여주고 있다. 왕청현 봉의동鳳義洞에는 최진동의 군무도독부도 있었다.

일제의 기록을 보면, 대개 북간도지역의 독립군부대들은 두 번째 추풍방면을 통해 무기를 반입하는 경우가 많았던 것으로 보인다.

불령선인 총기 운반에 관한 건
대정 9년 6월 28일
재 훈춘
추주욱삼랑(秋州郁三郎)
보고

지난 6월 19일부 기밀 공신 제62호의 보고와 같이 왕청현 군무도독부 간부 최진동은 러시아로부터 도착한 병기를 받기 위하여 훈춘현 태평구에 와서 소총 50정, 탄약 1천 2백 발, 기관총 1정을 받고 부하 29명과, 함께 훈춘현 두도구에 숙박, 지난 27일 동지를 떠나 황구(荒溝)를 거쳐서 왕청현 장동(長洞=鳳梧洞 부근)으로 향하였다 한다.

무기반입에서 점차 두 번째 추풍방면 경로를 선택하는 경우가 많아지면서, 첫 번째 우수리 연선 방면과 세 번째 남부 연해주 방면은 상대적으로 감소하여졌다.[65]

한편, 러시아-북간도 경로를 통해 반입된 무기를 북간도지역에서 서간도지역으로 다시 운반하는 기록도 산견된다. 1919년 11월 21일자 훈춘 부영사의 보고에 따르면,

첩보에 의하면 훈춘재주 불령선인 이명순(李明淳), 나정화(羅正和) 등 10여명의 무리는 10월 20일 경 동녕현 삼차구 방면에서 엽총 80정, 탄약 60발을 초모정자로 운반해 와서 이것을 서간도 방면의 동지에게 이송하려고 하였으나, 중국관헌의 단속이 엄중함에 따라, 그들은 모두 사냥꾼으로 가장하고 삼삼오오 이것을 휴대하여 이송하려고 한다는 것을 듣고 이에 따라 그 취지를 중국관헌에게 알려 직접 단속에 응하게 하고 있다.[66]

라고 하고 있다. 총기가 사냥총이라는 점이 특이하다.

또한 1920년 2월 5일 하얼빈 총영사관 보고에 따르면,

1920년 1월 7일경, 동녕현의 왕팔패자(王八脖子) 및 양자천(亮子川) 지방의 불령선인은 러시아인으로부터 구입한 소총 97정, 탄환 1만5천발을 말에 싣고 서간도로 향하던 도중 왕청현 나자구 부근에서 오룡(五龍)이라고 칭하는 중국 마적단 때문에 무기와 탄약 전체를 약탈당했다고 한다.[67]

라고 하여, 중소국경지대의 조선인들에 의하여 무기가 러시아로부터 북간도를 거쳐 서간도지역으로 운반되고 있음을 짐작해 볼 수 있다.

무기운반 방식

육로의 경우, 무기운반대 인력을 중심으로 수레, 말, 우차(牛車)나 마차(馬車)를 동원된 것으로 보인다. 용달을 동원하기도 하였다. 연해주 방면의 해로를 이용하는 경우 밀송선 등의 선박도 이용했다. 언땅에서는 썰매를 이용하여 무기를 실어 날랐다는 기록도 보인다.

1920년 4월 6일자 조선군 참모부 보고 <블라디보스토크 방면으로부터 왕청현

내에 있어서의 배일선인단의 무기구입상태>에 따르면,

> 2월 중순 우차(牛車) 5대에 무기를 적재(積載)하고 왕청현 방면으로부터 하마탕으로 운반하는 것을 목격하였다는 정보가 있다. 또 2월 하순 나자구방면으로부터 무기를 2회에 걸쳐 우차 13대에 저게하고 하마탕으로 반송(搬送)해와서 홍범도의 숙사에서 하차하는 것을 목격하였다는 정보가 있다. 최근의 정보에 의하면, 군정서 및 광복단은 각기 사람을 블라디보스토크 방면으로 보내 무기의 구입을 강구하고 있다고 한다.[68]

라고 하여, 나자구-왕청현 경로를 통해 우차(牛車)로 무기를 운반하고 있음을 확인할 수 있다.

해로가 있는 남부 연해주 방면을 선택하여 중소국경도시인 바라바쉬 등을 경유하는 경우, 대형 선박이나 밀송선을 이용하였다고 기록에 나와있다.

선인의 무기 구입에 관한 건

근래 시내 시장 해안으로부터 아무르만의 대안 바라바쉬, 기타 방면으로 향하여 출범하는 대형 선박의 4할은 반드시 총기를 운반하는 것인데, 지금 선인의 무기 매매하는 개황을 기록하면 다음과 같다.

밀매한 병기는 약간 당지에 보관하여 두었으나, 이 수송이 뜻과 같이 되지 못하고 또 먼저 번에 어항(漁港 : 블라디보스토크 서해안 어선장) 부근에서 병기 밀수송선(密輸送船) 관계자 중 일본 헌병대에게 체포된 자가 있은 뒤에 선부들간에 불안을 가져 왔고 병기의 밀수송을 위험시하게 되어 용이하게 여겨 불응하고 설령 응한다 하여도 과대한 운임을 요구하기 때문에 이 선후책에 대하여 신용진은 블라디보스토크에 도착하였다.[69]

한편 목선을 이용한 경우도 있다. 만주 장백현에 본부를 두고 있던 대한독립군 비단에서 활동한 홍파의 회고록 『과거 50년을 돌아보면 리승: 홍파』을 통해서 이를 짐작해 볼 수 있다.

그때로부터 나는 군비단 군사부원으로 무장구매사업을 하게 되었다. 무장 구매사업은 해삼위에 거주하는 박모이세이, 박표돌, 정명필, 최태성등의 주선으로 진행되었다. 폭탄, 권총, 만원경등을 몇 개씩 구매하닥 음력으로 (1920년) 5월 중순에야 장총 50병, 탄환 5궤, 폭탄 200개, 만원경 20개를 박모이세이 소개로 구매하였는데, 운반하기 어렵게 되었다. 해삼 츠르긴에서 목선에 싣고서 금각만을 버서 나가서 모아산 바다를 경유하여 재피거우를 지나서 안방비 하물 강골수로 가야되겠는데 해삼위의 낮과 같은 발근 전등의 광선하에서 무장을 목선에 까지 운반 하기가, 목선을 금각만으로 출항하기가 위험한 형편에서 박 모이세이와 협의한 결과에 해삼시 파 발전소에서 수직하는 로시아사람에게 일화 100원 주고서 음력 5월 20일 22-23시 어간에 전 해삼시의 전등을 끄기로 약속하였다. 미리 준비하였던 마차에 무장을 실어서 목선에 싱고서 순풍에 돗을 달고 노를 저어서 방조하면서, 금강만을 벗어나 모아산이 멀지 아나한 바다위에서 해삼시에 전등이 켜지면서 전등그림자가 모아산 해상에도 출렁거리었다. 그때에는 벌써 저등빛이 있으나 없으나 위험한 지경을 지났을 때이다. 때마침 음력 5월 20일 달도 솟아 올라왔다. 재피거우를 지나서 하물이란 강골스로 좀 올라가다가 조선사람의 외딴 집에 무장을 부리었다.

그 이튿날 저녁에는 무장을 말 등에 싣고서 두보이나, 멀구, 다래 많기로 유명한 산험길로 훈춘현 하마탕 배채골에 거주하는 구춘선(당시 국민회 총부회장)선생의 집동-북편에 무장을 파묻어 두었다. 이 무장은 내가 중동철도선에서 비밀사업을 하던 1924년에 가서 파내어보니 다썩어서 못쓰게 되었다.[70]

얼음 위로 마차를 이용한 사례도 있다.

불령선인 총기 탄약
운반의 건
블라디보스토크 전보
1920년 3월 19일

신한촌(新韓村) 불령선인 허재명(許在明)은 러시아 인으로부터 소총 5
백정, 탄약 5만 발, 폭탄 62개, 권총 4백 30정, 동 탄환 5만 발, 기관총
2정을 구입하기로 계약이 성립되어, 그 중에 소총 및 동 탄약은 3월
15일 마차로 얼음판 위를 통과하여 오오츠크 및 세시와에 운반하고
폭탄 및 권총은 블라디보스토크에서 사용한다고 한다.[71]

다음의 기록은 썰매를 이용하고 있음을 보여주고 있다.

불령선인 총기 탄약
운반의 건
블라디보스토크 전보

불령선인 주해일(朱海一)은 3월 12일 허재명(許在明)의 의뢰에 의하여
기관총 7문, 군총 2백 20정, 탄환 1만 8천 발, 권총 22정을 썰매 8대에
실려져서 블라디보스토크로부터 이도구(二道溝)를 거쳐서 중국령 '쵸
니욘애'에 있는 홍범도 처에 반출하고 27일 블라디보스토크로 돌아
왔다.[72]

무기운반부대

북간도지역 대한군정서의 경우 무기운반부대는 상설부대가 아니라, 필요에 따
라 임시로 조직되는 임시부대였으며, 경신분국(警信分局)별로 관내의 군적(軍籍)자
들을 긴급동원하여 편성하고, 아울러 경비대를 무기운반대로 대치하여 편성하였
다. 무기운반대의 조직은 군대조직에 의거하여 편성했고, 경호병과 소대장은 군
정서 독립군의 현역 군인 중에서 차출하여 임명하였으며, 무기운반대 분대장은
경비대 중대장 중에서 임명하거나, 경신분국장을 임명하기도 했고, 무기운반대
총지휘관은 연대장 출신을 임명하기도 하였다.

무기운반의 방법은 소총의 경우 대개 무기운반대원 1인이 소총 4정씩을 두 어
깨에 2정씩 매어 운반했으며, 운반속도를 긴급히 빨리 할 필요가 있을 경우에는

무기운반대원 각 1인이 2정식을 한 쪽 어깨에 1정식을 메고 신속하게 강행군을 하여 운반하였다. 이 때문에 무기 운반대원도 최소 200명부터 최대 1,500명에까지 이르렀다.[73]

무기운반대원이 1,500명까지 이르렀다는 것은 일제의 기록에서도 확인된다.

> 7월 중순 총기 반입을 위해 현갑(玄甲)을 수송 지휘관으로서 노령 방면으로 파견하였는데 노령 방면에서 약 1천5백 명의 운반대를 모집함으로써 이들 일대는 불일간 병기와 함께 도착하게 되었다.[74]

대한군정서측의 행동에 관한 건
대정 9년(1920년-필자주)
8월 7일 재 훈춘
추주욱삼랑(秋洲郁三郎)
보고

독립군부대들은 무기운반대원을 선별하거나 조직, 운용하는데서 그 상세한 선별기준이나 규칙 등을 마련하여 실행하였다. 그것은 다음과 같은 일제의 기록에서 확인된다.

> 그들(독립군)은 이 반입에 당면하여서는 체력 강건한 자를 선발하고 재령(宰領)으로서 이를 지휘하게 하고 있는데 보통 1·2정 내지 3정을 메고 적당히 탄환을 분담하여 삼삼오오 연락을 잃지 않을 정도로 거리를 취하면서 행진하여 도중 중국 관헌의 소재 지방에 있어서는 되도록 멀리 돌거나 또는 상황에 따라서는 금전을 주어 매수책을 강구하여 통과하고 있는데 그들(독립군)이 가장 마음을 괴롭히는 것은 러시아·중국 국경을 통과하는 것인데 금력 또는 비상한 노력을 경주하지 않으면 아니된다.[75]

무기운반은 내전과 국제전이 겹치는 전시의 국경을 넘나들뿐더러 해로와 육로를 잇기도 하는 어렵고 힘든 일이었다. 말그대로 총성없는 전투였던 것이다.

然シテ最近ニ於ケル撤入ハ（ロ）線ニヨルモノ最多ク光ツ露領ニ於テ激派又ハ其ノ他ニ聯絡ヲ有ス

（イ）（ロ）線ニヨルモノハ其ノ数甚タ尠シ（附圖参照）

二 撤入ノ方法
ル者之ヲ避ケ又ハ蒐集シ同志ヲ得ントスルノ間島方面ノ同志園体ニ通牒シ又ハ彼々人却シテ撤同志園体ニ聯絡シ或ハ間境附近ニ運搬シ運搬ニ方リ露支同境附近ヲ通過シ又ハ彼等ノ状況ニヨリ撤入ニ富リテノ状体力旺健ナルモ半ヲ得若クハ之ヲ撤シ指揮セシメ局地ノ普通人ニ挺乃至五名ヲ一群トシ伍々群ヲ為シ彈藥ヲ分担シ距離ヲ取リ相当ノ行進ニ途中支部又ハ状況ニヨリテ八銭ヲ買収ス図ニ依リテ買収ス心ノ所在セル所ハ露文図郡官憑ノ所在セル地方ニアリ迂回シ通過シツツアルカ従テ最苦心スル所ハ境ノ通過ニシテ全力ヲ盡シ境ノ通過ニシテ全力ヲ盡シ境ハ非常ナル労力ヲ拂ヒツツアリ

二 現在ニ於ケル武器ノ種類及数量
現在ニ於ケル合不運ノ群人間ノ所有スル武器ノ主ナルモノハ諸般ニ依リ統計スルニ軍銃約三十三百挺同彈藥約十九萬五千三百余銃約七百三十提子擲弾約十五百五十個機関銃九提ノ某ノ五十個機関銃九提ノ某ノ而シテ軍銃ハ露国式五連発及單發銃大部ノ点ノ米国式独逸式八栽三十年式及三十八年式毋兵銃等合少数ノ最シ居レリ

固ニ最近上海假政府間島激派各四十挺撤入ノ為東道軍政署及東道独立軍署ヨリ約三百名ノ運搬隊ヲ三金口方面ニ派遣ヨリ右ハ李群ノ上海又黒龍州ノ露国連激シト讓受シ又徐々欲トシ讓受シ居ルモノナリト又欲シ居ルモノナリト一一派ノ軍政署八激ニ金永學及雀尚益ニヨリ浦潮及コリ人方面ヨリ軍銃三萬挺ノ讓受ヲ約シ居ルモ最近食永學ヨリ一部引渡アリタルヲ以テ玄甲ヲ輸送指揮官トシ派遣シタリトノ情報アリ
1208
1207
1206

國外情報

不逞鮮人團ノ武器移入状況

一　武器移入経路

不逞鮮人團ノ所有セル武器ハ一部ハ東清沿線方面ヨリ搬入シタルモノヲ除ク外大部ハ露領方面ヨリ搬入シタルモノトス而シテ又カ搬入ノ経路ハ概ネ左ノ三線路ナルカ如シ

（イ）露國沿線方面ヨリ汪清縣奥地々方ニ入ルモノ
露國里沿線方面ヨリ汪清縣奥地方面ニ搬入スヘキモノハ鉄道路「コリス」ヲ経由シ又ハ「コリス」ヨリ陸路國境驛柞ヲ經テ圖們江ヲ越ヘ屯田營通路又ハ
※（1204）

（ロ）露國沿線方面ヨリ汪清縣奥地々方ニ入ルモノ
八三岔口經由大島蛇海路ニ出テ谷谷河源ニ通リ汪清縣奥地方面ニ入ルモノトス
（ハ）秋処方面ヨリ汪清縣奥地方面ニ入ルモノ
汪清人ハ「コリス」地方及琿春地方ヨリ大島蛇老黒山ニ出テ十二個頃子溝火東寧縣圖們江ヲ越ヘ大島蛇溝火大荒溝又ハ汪清縣春明鄉西大
※（1205）

河沿線人ハ多食ヨリ國境ヲ越ヘ大島蛇磯ヨリ水流ヲ經テ琿春縣大荒溝火烧鋪ヲ經テ琿春縣大荒溝又ハ汪清縣春明鄉西大
坎方面ヲ止ツルモノト
（南部沿海州地方面ヨリ琿春縣ニ入ルモノハ主ニ紅旗河ノ上源地方ヨリ搬入スルモノ八パラバシ方面ヨリ巧ニ理春縣地方面ニ入ルモノトス
ノ理春縣沿海州地方面ヨリ搬入スルモノ八パラバシ方面ヨリ巧ニ
國境監視ヲ脱シテ琿春奥地方面ニ入ルモノトス

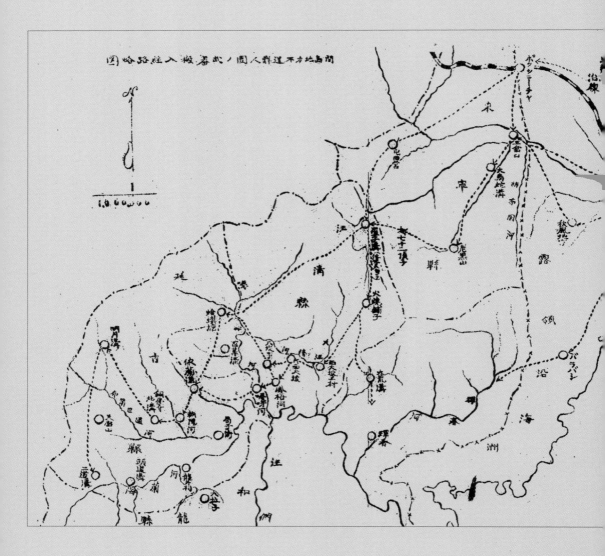

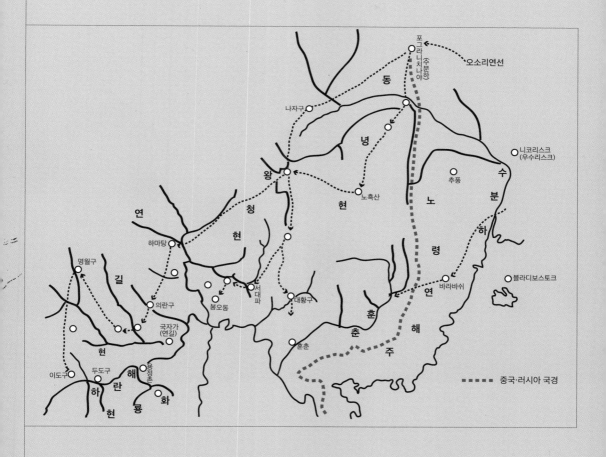

독립군의 무기운반로

포
크
라 (중분하)
니
치
나
아
오소리연선

동
녕
현
왕
청
현
노자구
노혹산
노
령
연
해
주
추풍
수
분
하
니코리스크
(우수리스크)

연
길
현
하마탕
명월구
의란구
봉오동
서대파
대황구
국자가
(연길)
훈춘
바라바쉬
블라디보스토크

이도구
두도구
용정촌
해
란
룡
화
현
현

훈
춘

- - - - - 중국·러시아 국경

훈춘현 대황구

노흑산

동녕현 삼차구

독립군 박승길의 무기구입 루트 증언

무기운반대에 대한 두 개의 아픈 기록

독립군의 무기운반대와 관련하여 우리에게는 하나의 수기와 하나의 일지가 남겨져있다. 수기는 청산리전투의 마지막 생존자 이우석의 『무기운반의 길』이며, 일지는 청산리전투 김좌진의 비서였던 이정이 작성한 『진중일지』이다. 두 기록 모두 일백년전의 청산리전투에서 출발하는 한국독립운동사의 귀중한 증언이되, 하나는 명예롭고 하나는 부끄럽다.

이우석(李雨錫)은 북로군정서의 4소대 4분대장으로 청산리 전투에 참전했으며 만주에서 활약한 독립운동가 중 마지막 생존자였다. 이우석이 생전에 구술한 수기 『무기운반의 길』은 독립군부대의 무기운반에 대한 구체적인 사례[76]를 실제 따라가보듯 생생하게 살펴볼 수 있는 유일하고 귀중한 자료이다.

이정(李楨)은 북로군정서 김좌진 장군의 비서로 청산리전투에 참전했다. 이정이 작성한 『진중일지(陣中日誌)』는, 청산리전투 직전인 1920년 7월 1일부터 동년 9월 13일까지 약 3개월간에 걸친 북로군정서의 일들을 상세하게 기록한 일기이다. 여기에는 당시 북로군정서와 러시아혁명군의 교류, 무기구입을 위한 간부의 파견과 교섭, 운반대원의 조직, 무기반입 등의 상황도 구체적으로 언급되어 있다. 이 역시 당시의 역사에 대한 사실적 기록으로서 귀중한 자료이다.

그중 한 사람은 다시 역사의 법정으로 소환되었다. 이정이다. 일제의 밀정이었다는 주장과 근거[77]가 제기된 것이다. 영광의 길이었던 이우석의 수기와 아픈 기억이 되가고있는 이정의 일지를 여기 함께 수록하여 소개한다.

1. 이우석, 무기운반을 가다(1920년 6월 경)

이우석이 말하는 무기반입 경로와 방식은, 무기를 블라디보스토크에서 선편으로 블라디보스토크 남쪽 내해안으로 갖고 오면, 운반대가 간도로 운반해 오는

이우석의 수기

방식이었다. 이것은 앞서 언급한 러시아-북간도 무기반입 경로 중 세 번째인 시베리아 연해주 남부로 해서 오는 경로로 볼 수 있다. 그러나 경로와 방식이 정해졌다해도 무기운반은 간단한 일이 아니었다. 기록에서 이우석은 200여 명의 무기운반 대원들이 기관총 일제 38식 장총과 탄환 '200짐'을 무사히 운반하였음을 밝히고 있다. 이우석의 기록은 독립군부대의 무기운반 과정이 얼마나 힘들고 어려운 작업이었는가를 증언해준다.(필자 주)

박영석교수와 대담하는 이우석옹(우측)

양성소에 입학시기가 한 달 더 있어야 제 2기생을 모집한다고 한다. 그러므로 기다릴 수밖에 없다. 그동안 무기 운반하러 노령(露領)으로 갔다 오라고 한다. 그래서 경비대에 편성을 시켜 분대장이 되었다. 경비대는 무기 운반하는 200여 명을 호위하여 같이 갔다 오는 것이다. 지방(地方)에 뽑아온 농민 200여 명과 경비대원 30여 명이 길을 떠났다.

산로(山路)로 산령(山領)을 타고 훈춘 지방에 가서 민가 가서 자고 국경을 넘어 노령으로 갔다. 30여 호 되는 동포에 부락에서 대기하고 있다. 이곳에서 70여 리쯤 가면 해삼위항(海蔘威港) 남쪽 내해안(內海岸)이다. 선편으로 이곳까지 가져오면 받아 가지고 온다 한다.

2~3일 내로 갈 줄 알았더니 의외로 무기매수에 실패되었다는 통지가 왔다. 실패 원인은 화폐가 개혁이 되어 돈이 못쓰게 된 까닭이다. 그런 즉 그 당시 형편은 돈도 어렵고 동원된 운반대를 돌려보냈다가 다시 동원하기도 어렵다. 기다리자니 200여 명의 식량문제도 문제이고 잠깐 운반하러온 농민들은 농사도 가사도 낭패지경이고, 그보다 더 큰 일은 군정서에 위신과 민심의 실망이다.

그럼으로 고난을 겪더라도 무기는 가지고 가야만 하게 되었다. 군정서에 운명이

이 때가 가장 어려운 때이다. 30여 호에 200여 명이 숙식을 하자니 매호(每戶)에 평균 70명식 분배가 되었다. 조그마한 방에 7명이 쪼그리고 잠을 잔다. 여름철이라 한데에서도 잘 수 있으나 그해 따라 장마비는 매일같이 내린다. 방 안에 갇혀 산다. 우울한 마음은 형론하기 어렵다. 주인 아주머니에 양식 걱정은 아이들의 배고프다 조르는 소리는 참으로 들을 수가 없다. 그럭저럭 한 20일 동안은 끼니를 이었다. 종내는 감자알이 들지 안은 것을 케기 시작한다. 그래도 끼니를 굶지 않고 살았다. 잠을 잘 수 없어 나는 뜬 눈으로 지냈다. 왜냐하면 일본군병참소가 30여 리 전방에 있고 마적들이 후방 20여 리 산중에 있는데 이 마적들은 일병에 사촉(使嘱)을 받는다는 악명을 듣는 마적들이다. 그럼으로 어느 때 습격을 올지 모르므로 한시도 안심이 안 되는 판인데 낯설은 여자가 나타나서 수상히 여겨 잡아 놓았다. 보초소가 10여 군데나 된다. 그러니 30명 경비병이 밤낮 보초를 보게 되니 잠잘 시간이 없다. 분대장 2인은 보초를 순차해야 한다. 이외, 매가(每家)마다 불침번을 순찰하여야 하니 잘 시간이 어디 있나. 그럼으로 뜬눈으로 한 달 동안 지내며 살았다. 한번은 큰 소동이 있었다. 밤중에 총성이 부락에서 멀지 않은 곳에서 났다. 초병이 달려오며 총을 맞았다는 것이다. 그러니 긴장하지 않을 수 없다. 그런데 얼마동안 지내도 잠잠하다. 사고로 알고 조사해보니 주인의 밭에 곰이 늘 온다는 말을 듣고 한 경비대원이 곰을 잡겠다고 목을 지키다가 초병(哨兵)이 교체하러 오는 것을 곰같이 보여서 쏜 것인데, 다행이도 초병(哨兵)이 신을 고치느라고 엎드리면서 총을 어깨에 세웠는데, 쏜 총알이 세워진 총판(銃板)을 맞힘으로 인명피해를 면한 것이다. 천우신조한 일이다. 무기 사는 경우를 들어보면 이야기로 넘어버리기가 아까워서 그 때 사정을 기록해 두는 것이다.

일본군은 백계(白系) 러시아인(露人)을 원조하기 위하여 무기를 주는데 백계군 장교는 무기를 팔아가지고 망명 준비를 한다는 것이다. 과격파 혁명군은 벌 때 같이 일어나고 패전에 패전을 거듭하여 남로(南露)로 붙어 서백리아까지 밀려오고 보니 대세가 기울어진 줄을 알고 망명하려는 것이다. 그럼으로 일군(日軍)이 준 무기를 독립군에게 팔게 된 것이다.

오래간만에 무기를 운반하러 가라는 통지가 와서 해삼위 항내 해변으로 어두운 밤에 행군하여 산정(山頂)으로 70여리를 가서 받아 메었다. 장총 200여 정과 중기관총과 탄환을 한 짐씩 졌다.

200짐 탄환(彈丸)

돌아오는 중간에는 일군 병참소 정문을 통과하여야 한다. 갈 때는 산정(山頂)으로 갔지만 짐을 한 짐씩 지고는 산로(山路)로 갈수가 없다. 그럼으로 결사적 용기를 발하여 이 병참소를 당당히 정문을 통과하였다. 일병도 우리를 보고 우리도 일병을 보았다. 그러나 충돌하지 않고 무사히 통과하였다. 장마철이라 도로가 개울이 되었다.

이 물을 거슬러서 올라온다. 짐도 무겁지, 길도 험하지, 배도 고프지, 결사적으로 일병참소를 지나 한 5리쯤 되는 동포의 가옥 10여 호가 보인다. 그곳 와서 긴 잠도 물이고 기진력진한 우리는 쓰러졌다. 이 때 생각을 하면 일병 5~6명만 와도 우리는 꼼짝 못하고 죽었을 것이다. 주민들이 지어주는 밥을 먹고 다시 기운을 회복 하였다. 그 길로 본거지에 도착하여 주민들에게 고마운 말을 하고 그날로 떠나 훈춘지방에 와서 잤다. 붙잡혔던 여자는 죽을 줄로 알았더니 살려주어 고맙다며 백배천배 절을 하고 갔다.

200여 명 무기 운반 대원들이 기관총 일제 38식 장총과 탄환 '200짐'을 운반해다가 내려놓는 것을 서일 총재, 현천묵 부총재, 김좌진 사령관 및 군 수뇌부와 학생들과 지방인사들의 위로와 칭찬을 받으며 무기운반대는 즉일로 해산하여 각각 귀가하였다. 이로써 나도 임무를 마치니 마음이 가볍다. 군정서 본영인 왕청현 십리평(서대보)는 왕청현계(汪淸縣界)와 훈춘현계(渾春縣界)인 대삼림중(大森林中)이다. 서(西)으로 왕청현이요, 동으로 훈춘현인데 분수령지대이다. 심산유곡에 인가들이 별로 없고 60리 가량은 무인지경이다. 이곳에서 산령(山嶺)까지 산정(山頂)으로 갈 수 있고 거리는 2일 정도면 간다. 땅은 중국 땅이지만 주민은 우리 동포가 산다. 그럼으로 식량은 운반하여 사관연성소 학생 200여 명과 기관 요원과 경비대원의 식량공급을 한다. 학교는 오리정도에 산중에 있다. 외계연로(外界連絡)는 주야로 주민들이 한다. 그럼으로 중국(中國) 관헌은 모르는 체 하고 있었으나 일본놈들은 독립군 양성을 시킨다고 문제를 삼는다. 당시 장학량(張學良)이 소분 사령(巢匪 司令)으로 군대를 인솔하고 들어와 타처(他處)로 이거(移去)하라고 권고하여 군정서 군비기지를 백두산으로 옮겨 가게 되었다.

2. 이정, 『진중일지』

이정의 일지를 통해 1920년 7월부터 9월까지 2달 동안만 하더라도 러시아로부터 대한군정서의 무기구입 활동이 얼마나 활발하였는가를 짐작해 볼 수 있다. 특히 대한군정서 총재 서일을 비롯하여 재무부장 계화, 서무부장 임도준 및 조성환, 전일 등 지도부가 러시아지역으로 건너가 무기반입 과정을 총체적으로 지휘하고 있었음을 추론해 볼 수 있다. 또한 7월 23일자 일기에서의 '무기운반대 500명 모집' 등은 청산리전투 직전 당시 무기구입과 운반이 얼마나 큰 규모로 활발히 전개되고 있었는가를 살펴볼수 있다. 아래는 이정의 일기 중 무기운반과 관련이 있다고 판단되는 날자의 것들만을 뽑아 수록하였다.(필자주)

사령부 일지(사관 연성소장의 장)
[사령부 일지 제1호] (대한민국 2년: 1920년)

7월 6일 (화요일, 경신 5월 21일)

총재부에서 사령관에 용마 1필을 보냈다.

부총재(현천묵-필자주) 명령에 의하여 무기 운반대 접반원 2명을 러시아로 통행하는 요로에 파견하였다.

정찰원 김좌린(金座麟)에 훈시하여 두만강 연안의 적정을 세밀 사찰하여 보고하라고 하였다.

참모장에게 서면으로 문병하였다.

정찰원 최면(崔冕)에게 근무의 노고를 서면으로 위로하였다. 비서장, 계사국장 두 사람은 연성소를 시찰한 후 오후 1시 가는 길에 본서로 향하였다.

7월 9일 (금요일) 맑음 (경신 5월 24일)

군법국장은 김사직, 군의정 주견룡(朱見龍) 두 사람은 사고로 인하여 본서로 향하였다.

무기 운반대 2소대는 동 제1소대장 최원(崔院), 제2소대장 안상희(安相熙), 감독 남진호의 영솔하에 러시아로부터 무사히 귀착하였다.

참모장 각하는 본서로부터 입영하였다.

경신국에서 왜적의 간첩 김낙필(金洛弼)을 체포하여 왔다.

사령관 각하는 영내의 일이 너무 많아서 재계(齋戒)를 정지하였다.

7월 12일 (월요일) 맑음 (경신 5월 27일)

경신국장 보고에 의하면 홍범도 장군은 무산 간도로 떠났다고 한다.

큰 돼지 한 마리를 구입하여 무기운반대의 오찬에 충당하였다.

군호지 1천 장을 인쇄 사용하였다.

사령부 경비대 2소대를 신편하다.

7월 23일 (금요일) 맑음 (경신 6월 8일)

부총재 통지에 의하면 참모 정인철씨는 영고탑(寧苦塔) 방면으로 향하였다.

경신 제6 분국과장 외에 경사원 7명은 용정 왜(倭) 영사관에 체포되었다.(총재부 통신).

홍범도 장군은 부하 1중대를 거느리고 노두구(老頭溝) 방면에서 일본 영사관원 28명과 조우 격전하여 22명을 사살하였는데 독립군측에는 사상자가 전혀 없었다.

전일(全一)씨는 러시아로부터 내도하여 총재 각하의 서신을 전하였는데, 그 내용에 개략 무기 운반대 5백 명을 지급히 모집하여 보내라는 사항이므로 부총재에게 보고하여 동 대병 징모를 요구하였다.

모범대 1백 명을 무기 운반대로 대치하여 선견대로 예정하고 계리국장에게 여비 2백 원을 보내라고 명령하였다. 징모국장에게 사신을 하여 무기 운반대 5백 명을 3일 기한으로 본영에 집결시키라고 하였다.

7월 26일 (월요일) 맑음 (경신 6월 11일)

모범대병 103인을 무기 운반대에 편제하여 이교성(李教性) 대장에게 영솔시켜 러시아로 가게 했다. 사령관의 친절한 훈시가 있었다.

군의 엄정훈(嚴廷勳)은 본서로부터 동야 입영하여 강 구대장의 총상을 치료하다.

사령관·참모 부장 양 각하는 총재 각하에게 지방 정형 및 정부 위원, 제반 사항을 사신으로 진술하여 운반대장편에 의하여 올렸다.

독군부 병원들은 오전 본영을 시찰하였다.

보병 조전·군대 내무서·야외 요무령·축성 교범·육군 형법·육군 징벌령 등, 인쇄물 각 1부를 독군부 소대장에 출급하다

7월 27일 (화요일) 맑음 (경신 6월 12일)

독군부 군인 1소대는 오전 9시 경 십리평을 떠나 자기 기관으로 돌아가다.

십리평에 사관 연성소 지소를 설치하고 본소 학도의 학력 부족자를 교련할 예정이었다.

징모국에서 신병 20명을 모집하여 보냈다.

본서 경비대장 허활(許活)씨에게 명령하여 동대병 1소대를 편성하라고 하였다.

7월 28일 (수요일) 맑음 (경신 6월 13일)

엄 군의는 약품을 준비하기 위하여 본서로 향하였다.

군법국장은 본서에서 병중이라고 한다.

징모국으로부터 무기 운반대 2중대가 입영하였다.

7월 29일 (목요일) 맑음 (경신 6월 14일)

무기 운반대 2중대는 제1중대장 이인백(李麟伯), 제2중대장 이호룡(李昊龍) 양씨 영솔하에 십리평을 떠나 러시아로 행진하다. 사령관의 엄중한 훈시가 있었다.

재무부장 운반대를 따라 러시아로 향하였다.

경신 제13분국 등 33분국 관내에서 무기 운반대 1중대가 입영하였다.

서간도 군정서 독판 및 사령관의 공함을 본서 사령관에게 보내 왔는데 이 서간도에서는 왜적의 수색으로 안도현에 교사를 이전하였다. 사령관 이청천 이하 다수 사관 학도(도수 부대 약 3백명)는 동현 삼인방(三仁坊)에 주둔하였다고 한다.

7월 30일 (금요일) 맑음 (경신 6월 15일)

경신 제33 분국장 7

(李根植)에게 무기 운반대 중대장을 명하여 오전 9시 경 십리평을 떠나 러시아로 행진하다. 참모부장의 엄절한 훈시가 있었다.

경신 제1분국 제5과 관내에서 인민들이 갹출하여 소 두 마리를 사서 사관 학도의 호궤(犒饋)에 제공하였으므로 소장으로부터 감사장을 주었다.

경제10분국장 최주봉(崔柱鳳), 교섭원 허중권(許中權) 양씨는 본서로부터 입영하였다.

7월 31일 (토요일) 맑음 (경신 6월 16일)

무기 운반대 2소대는 대장 주성삼(朱成三)·김정(金鼎) 양씨 영솔하여서 오전 9시 십리평을 떠나 러시아로 행진하게 하였다.

참모장 각하는 본서로부터 입영하였다.

8월 9일 (월요일) 맑음 (경신 6월 25일)

중국 육군 3명이 사복을 입고 본영을 정찰하기 위해서 십리평에 내착하였으므로 이범석씨가 맞이하여 하촌에 유숙하게 하다.

참모장은 경위병 16명을 영솔하고 그 군대 숙소에 가서 교제하다.

러시아에 출장한 황하담(黃河淡)군은 총재 각하의 사신을 휴대하고 입영하였다.

8월 11일 (수요일) 흐림 (경신 6월 27일)

무기 운반대 제4 중대 제1, 제2 소대는 해산을 명령하였다.

휴학 중에 있는 학도는 임시 연습을 행하여 부총재가 참관하다.

8월 24일 (화요일) 맑음 (경신 7월 10일)

공민 대표 38인은 본서로부터 입영하다.

사관 연성소 학도 필업식에 대해서 본서 중요 직원 및 각 단체에 송치할 청첩 2백 매를 인쇄하다.

무기 운반에 주의를 주기 위해서 무기 운반 중대장 이교성(李敎性)·이인백(李麟伯)·이호룡(李昊龍)·이근식(李根植) 등 4 명에게 경비병 2명을 파송하였다.

증모국에서 경비병 1소대를 모집하여 본영으로 보냈다.

9월 7일 (화요일) 부슬비 (경신 7월 25일)

중국 육군 2백여 명은 사령관과 원만한 교섭을 마치고 각기 임지로 돌아갔다.

박형식씨는 본서로부터 입영하였다.

총재 각하는 재무 부장(계화, 필자주)과 조성환(曺成煥) 선생을 동반하여 러시아로부터 본영에 귀환하였는데 기계국장 양현(梁玄)·현갑(玄甲) 양씨 무기 운반대 3중대가 배종하였다.

무기 운반대 제1 중대장 이교성·제2 중대장 이인백(李麟伯)·제3 중대장 최원제씨는 각기 부하를 거느리고 무기를 운반하여 본영으로 돌아왔다.

9월 8일 (수요일) 맑음 (경신 7월 26일)

무기 운반 제1 중대는 경비대에 복귀하고 제2, 제3 양대는 사령관의 명령으로 해산하였다.

제5장

전투戰鬪

전투戰鬪

무장현황

1920년 여름부터 가을에 걸친 시기는, 간도에서 독립전쟁을 위한 본격적인 전투가 개시된 시기이다. 봉오동 전투(鳳梧洞戰鬪)는 1920년 6월 6일부터 7일까지, 청산리전투는 10월 21일부터 26일까지에 걸친 치열한 전투였다. 두 전투는 일본 군대와 맞서 싸워 대승을 거둔 독립전쟁 첫 시기의 대규모 전투였고, 무장투쟁노선으로의 전환에 따라 1년여간 축적한 화력을 쏟아부은 정규전이었다.

봉오동전투는 청산리전투의 전초전이기도 했다. 북로독군부의 홍범도, 최진동이 이끈 독립군연합부대는 봉오동의 승리 전투 이후 김좌진의 북로군정서군과 연합하여 청산리전투까지 참여하게 되는 것이다.

청산리전투 직전 시기, 간도지역 독립군부대의 축적된 무장현황을 7월과 8월로 구분하여 살펴본다. 먼저, 7월 시점을 보면, 1920년 7월 14일자 조선총독에게 보내는 일제의 정탐 보고문서는 간도지역 독립군들의 무장정도에 대하여 다음과 같이 명기하고 있다.[78]

1. 대한군정서 (大韓軍政署)	서일(徐一)을 총재로 하고 장정 약 1천 명, 군총 약 1천 8백 정, 탄약 약 1정에 8백 발 내외, 권총 1백 5십 정, 기관총 7정 기타 다수의 수류탄을 가졌음.
2. 대한국민회 (大韓國民會)	구춘선(具春先)을 회장으로 하고 회원 약 5백 명, 군총 약 4백 정, 권총 약 1백 5십 정, 약간의 수류폭탄을 가졌으며 상해 가정부에 속함.
3. 대한북로독군부 (大韓北路督軍府)	최명록을 부장으로 하고 대원 약 3백 명, 군총 약 8백 정. 권총 50정, 기관 총 2문, 탄약 및 수류탄 약간을 가졌음.
4. 대한북로사령부 (大韓北路司令部)	홍범도(洪範圖)가 거느린 것인데 부원 약 3백 명, 총 2백 정, 권총 약 40정, 탄약은 총 1정에 대하여 2백 발 가량이었다.
5. 대한광복단 (大韓光復團)	이범윤(李範允)이 인솔한 것인데 단원은 약 2백 명, 군총 1백 50정, 권총은 약 30정, 구한국 황실을 존중하고 있다.
6. 대한신민단 (大韓新民團)	김준근(金準根)을 단장으로 하고 단원 약 2백 명, 군총 약 1백 6십 정. 권총 및 수류탄 약간을 가졌음.
7. 대한의민단 (大韓義民團)	방위룡(方渭龍)을 단장으로 하고 대원 약 3백명으로 구폭도 [의병]파에 속하고 노령의 불령선인단과 밀접한 연락이 있으며 군총 4백 정, 권총 약 5십 정, 탄약 및 수류탄 약간을 가졌음.
8. 야단회 (野團會)	임대성(林大聖 : 林甲石)을 회장으로 한 청림교(靑林教) 단체로서 좀 온건하나 군정서와 제휴하여 그의 일파가 되었다. 무기 관계는 현재 미상.[79]

위의 기록에서 보는 바와 같이, 북간도지역의 독립군부대가 보유하고 있는 무기는 군총, 권총, 탄약, 수류탄, 기관총 등이다. 이 중 기관총을 보유하고 있는 독립운동단체는 대한군정서이다. 이 점을 통하여도 대한군정서가 북간도지역의 독립운동단체 가운데 가장 강력한 무장력을 갖추었음을 짐작할 수 있다.

군총의 경우 적게는 150정에서 많게는 약 1,800정을 소유하고 있었다. 대한군정서 1800정, 대한국민회 400정, 대한북로독군부 800정, 대한북로사령부 200정, 대한광복단 150정, 대한신민단 160정, 대한의민단 400정 등으로 파악되고 있다. 권총의 경우, 대한군정서 150정, 대한국민회 150정, 대한북로독군부 50정, 대한북로사령부 40정, 대한광복단 30정, 대한의민단 50정 등이다. 대한군정서의 경우 대한국민회와 더불어 150정의 권총을 보유하고 있음을 알 수 있다.

1920년 8월 9일자 일제의 자료에 따르면, 8월 시점에서 북간도지역 주요 독립운동단체들의 주요 간부와 군인수, 무기 보유현황은 다음과 같다.

북로독군부	근거지: 봉오동 주요 간부: 북로독군부장 최진동(崔振東) 사령부장 홍범도(洪範圖) 병졸 인원(군민회 및 독군부 합병한 것) 최진동 부하 약 6백 70명 홍범도 부하 약 5백 50명 계 1천 2백여 명	1. 소총 약 9백 정 1. 폭탄 약 1백 개 1. 권총 약 2백 정 1. 기관총 2문 1. 탄환 총 1정에 부 1백 50발 1. 망원경 7개[80]
선민단	근거지: 춘화사(春華社) 알아하(嘎呀河) 장동(獐洞)에 두었다가 본월 10일 본부를 명월구로 이전. 단장 김준근(金準根) 병졸수 약 2백 명,	소총 약 1백 60정, 권총 약 50정, 폭탄 3상자, 망원경 3개, 소총단 1정에 대하여 약 2백 발[81]
의군단	근거지는 일정하지 않음.(일시 알아하(嘎呀河) 동림동(東林洞)에 산재하여 있다가 그뒤 일량구(一兩溝) 북구(北溝)에 잠복하여 있었고 본월 15일경 단장 허근(許根)은 부하를 인솔하고 명월구에 이전하였으나 그 참모장 박재눌(朴載訥)이란 자는 부하 30여 명을 인솔하고 구국단이라 칭하여 일량구와 소백초구 상촌으로 왕래하여 기부금 강제 모집에 종사하였다. 그리고, 박재눌의 구국단이라 칭하는 것은 의군단과 관계를 끊고 독립하여 있는 것처럼 보여졌다.) 단장 허근(許根)	병졸수 약 180명, 소총 약 50정, 권총 약 50정, 폭탄 2상자 소총탄은 총 1정에 대하여 약 3백 발
광복단	근거지는 왕청현 대감자(大坎子) 흑웅동(黑熊洞)에 있다. 단장 김성극(金星極, 金桂山)	병사수 약 1백 명, 소총 약 1백 정, 권총 약 20정, 소총탄 1정 대하여 약 1백 50발 광복단은 1시 이범윤 명의를 빌어 1단을 조직하였는데 그 명의에 의하여 민심을 수습하려는 데에 불과하고 실제로 발기자는 김성주이었다.[82]
국민의사부 (근거지는 나자구)	의사부장 전이권(全利權)	병졸수 약 7백 명, 소총 약 7백 정, 권총 약 2백 정, 폭탄 11상자 소총탄은 총 1정에 대하여 약 3백 발

위의 기록을 통하여 당시 북로독군부, 선민단, 의군단, 대한광복단, 국민의사부 등의 무장 정도를 살펴볼 수 있다. 군총을 보면, 북로독군부 900정, 선민단 160정, 의군단 50정, 대한광복단 100정, 국민의사부 700정 등을 보유하고 있다. 군총의 경우 북로독군부와 국민의사부가 다수 소장하고 있음을 파악할 수 있다. 권총의 경우 북로독군부 200정, 선민단 50정, 의군단 50정, 대한광복단 20정, 국민의사부 200정 등으로 파악되어 역시 북로독군부와 국민의사부가 다수를 소유하고 있음을 파악할 수 있다. 특히 여기서 주목되는 것은 북로독군부의 경우 기관총 2문을 보유하고 있다는 점이다.

의군단에 대해서는 보고문에 '근거지가 일정하지 않음'이라고 기재되어 있는데, 의군단은 만주에서 조직된 항일무장단체로 의군산포대(義軍山砲隊)라고도 한다. 만주 왕칭시엔(汪淸縣) 춘양사(春陽社) 북삼차구(北三岔溝)를 중심으로 활동하였다. 주요인사로는 홍범도(洪範圖), 지장회(池章會), 허은(許垠), 홍림(洪林), 이범모(李範模), 이희수(李希洙), 임춘산(林春山), 제갈경(諸葛景), 방위룡(方渭龍), 김종헌(金鍾憲), 진학신(秦學新), 박경철(朴京哲) 등이 있다. 이들 무장 독립군은 산포대 출신 의병을 핵심요원으로 하였으며, 단원 600여 명이 소총 600여 자루, 권총 30여 자루 등으로 무장하고 청산리전투, 특히 어랑촌전투(漁郎村戰鬪)에서 큰 전과를 올렸다.[83]

의군단의 무기보유와 관련해서는 일제의 다음과 같은 보고문도 찾을 수 있다.

의군단 무기 발견의 건
공사 봉천(奉天)
길림(吉林)총독에 전보
보낸다.
우치다(內田) 외무대신
가와나미(川南) 영사관주임
국자가 (局子街)발

이달 10일 당관 의도구(依葡溝) 분서에서 같은 서를 지난 육리북동(六里北洞)이라는 한 부락에서 의군단(義軍團)을 숨겨주고 러시아식 조총 28정 탄약 1, 515발 폭탄 1개 기타 군도 군복 등 10수점을 발굴, 압수하고 위 총기탄약과 관계있는 유력자 1명을 끌고 왔으므로 상세한 사한은 후에 보고한다.

대한광복단의 경우, 1920년 7월과 8월에 보고된 일제 정보문서에 동시에 나오는데, 이와 관련하여 7월과 8월 상황을 비교해서 살펴보면 약간의 차이가 있다.

1920년 7월 상황 보고문에는 "인솔자는 이범윤(李範允), 단원은 200명, 군총 150정, 권총 30정을 소유하고 있고 구한국 황실을 존중하고 있다"고 기재되어 있다. 그런데 8월 상황 보고문에는 "근거지는 왕청현 대감자(大坎子) 흑웅동(黑熊洞)에 있고 병사수 100명, 소총 100정, 권총 20정, 소총탄 1정 대하여 150발을 소유하고 있다. 단장은 김성극(金星極, 金桂山)이다. 일시 이범윤 명의를 빌어 1단을 조직하였는데 그 명의에 의하여 민심을 수습하려는 데에 불과하고 실제로 발기자는 김성주이었다"고 기재되어 있다.

두 보고자료를 비교해보면, 무장력이나 관련 정보의 수집과 보고에 있어서 약간의 차별성을 보이고 있음이 주목된다.

한편, 1920년 8월 12일자 일제 보고문도 확인된다. 이 보고문에 기재된 북간도지역 주요 독립운동단체들의 주요 간부와 군인수, 무기 보유현황은 다음과 같다.[84]

도도윤이 파견한 조사원의 불령선인 단체의 실황에 관한 보고의 건 재 국자가 천남성일(川南省一) 보고		
대한군정서(1920년 8월 현재) 소재지 왕청현 춘명향(春明鄉) 탁반령(托盤嶺) 조선 명칭 서대파(西大坡)	수뇌자 총재 서일(徐一) 사령관 김좌진 부총재 현천묵(玄天默) 사관 교관 나중소(羅仲昭) 구한국 육군 영장 사관 교관 이천을(李天乙) 구한국 육군 영장 중국어 담당 사관 교관 윤창현(尹昌鉉) 원 도윤 공서 통역 경리국장 윤우현(尹友鉉) 통신국장 김혁(金赫) 군의정 김재룡(金載龍)	사관생 및 무기 기타 시설 사관생 4백 명 경위병 2백 명 기관총 3정 연발총 3백 정 38식총 11정 구식총 15정 남부식 권총 8정 7연발 권총 25정 양식 충실 활동 시기 미지수 조선식 초가집 15동 천막 3개소 기타 민가를 차용[85]

대한 국민회 소재지 연길현 지인향(志仁鄉) 조선 명칭 일량구(의란구 구룡평 시장 뒤)	수뇌자 총회장 구춘선(具春先) 총무 김규찬(金奎燦) 총통신부장 김병흡(金秉洽) 경호대총사령 이용(李鏞) 참모장 유찬희(柳讚熙) 참모원 주건(朱建) 비서 최자익(崔子益) 통신부원 정기선(鄭基善) 통신부원 황일보(黃日甫)	사관생 및 교사 무기 기타 시설 응모된 사관생 약 4백 명 교사 이용 및 채영(蔡英) 이상 양명은 절강성 항주 무관학 교 졸업 연발총 7백 정 루카식 권총 30정 남부식 권총 10정 칠연발 권총 50정 양식 충실 활동 시기 미지수 복장은 아직 미비 막사도 아직 미비[86]
독군부(督軍府) 소재지 왕청현(汪淸縣) 춘명향(春明鄉) 대감자(大坎子) 동구(東溝) 초모정자(草帽頂子) 조선명 봉오동 묘구(廟溝) 조선명 명월구	수뇌자 부장 최진동(崔振東=明錄) 부관 안무(安武) 중대장 김세종(金世鍾) 중대장 조근식(曹根植) 중대장 강상한(姜尙漢) 중대장 강시범(姜時範) 외교원 김호석(金浩奭) 외교원 엄진도(嚴振島) 교련관 변남길(邊南吉)	사관생 없고 병사는 약 4백 명 무기는 기관총 2정 연발총 3백 55정 38식 총 13정 30년식 총 28정 구식총 4정 남부식 권총 5정 7연발식 권총 7정 루카식 권총 6정 식량은 충실 활동 시기는 미지수
한당의사부 소재지 왕청현 수분대전자(綏芬大甸子) 조선명으로 나자구	수뇌자 의사장 전석규(全錫奎) 총무 전의근(全義根) 재무 최정국(崔正國) 의사원 박창준(朴昌俊) 의사원 오기연(吳機淵) 의사원 박순호(朴舜顯) 의사원 이성렬(李聲烈) 본단은 작년 4월 설립되고 국민 회의 지휘를 받으며 오로지 노령 과 당지방과의 통신 연락 및 무기 의 운반에 종사하면서 있다.	

위의 기록에서는 대한군정서, 대한국민회, 독군부, 한당의사부 등 북간도지역을 대표하는 독립운동단체들의 무기 보유현황을 보여주고 있다. 특히 그 가운데 주목되는 것은 무기의 종류를 기관총, 연발식, 30식, 38식, 구식총, 남부식권총, 7연발권총, 루카식권총 등으로 상세히 구분하여 주고 있다는 점이다.

한편 또 다른 일제의 기록을 보면, 청산리전투 직전인 1920년 8월 중순 시점에서 대한군정서의 경우 대원 약 1,200명에 소총과 탄약 24만 발, 권총 150정, 수류탄 780발 기관총 7문의 무기를 확보하고 있었다고 나와있다.[87]

근거지 상황

이 시기, 간도 독립운동단체의 근거지 및 각 조직의 상황은 다음과 같다.

군정서(북로군정서-필자주)는 백초구로부터 동북에 위치하며 당관으로부터 약 1백 35리 대왕청으로부터 90리지점에 있고 주위는 삼림이 울창한 오지에 설치되어 있다.

그 지역은 속에 양친산이라 칭하는 산록으로서 가장 추요(樞要)한 토지인데 그다지 고지 높은 지대라 할 수 없으며 그리고, 동방으로 약 1백 리 훈춘 황구(荒溝)에 이르며 동북 1백 리 나자구(羅子溝)북방은 노령 연추(煙秋) 지방으로 통하며 남방 약 1백 50 리에서 양수천자(凉水泉子) 방면으로 통하는 교차로 지점에 위치하고 지리상 어느쪽으로나 이를 공격하기에 곤란한 장소이다.

대정 9년(1920년) 8월 9일 국지의랑(菊池義郞)보고 불령선인 근거지 및 각 조직에 관한 건
대정 9년 8월 10일 재 백초구(百草溝) 일본 영사관 출장소 보고

1. 도로의 상황

대왕청 순경국 앞으로부터 동북에 해당하는 도로로 나가면 약 40리에서 일차도(一次島, 통칭 찻지섬)에 달하며 조선인 부락 약 30호가 있다. 일차도로부터 약 10리에서 이차도(二次島)가 있고 조선인 부락 약 20호가 있으며 이차도(二次島)로부터 약 10리 지점에 삼차도가 있어서 조선인 부락 약 10호가 있다. 그로부터 약 5리 지점에 사차도(四次島)에 도착하고 여기서부터 5리면 십리평(十里坪)에 도착한다. 그 지역에는 조선인 약 10호가 거주한다(1·2·3·4·5도라 칭함은 흐르는 하천의 물구비가 그 지역을 마치 섬처럼 된 것인데 이를 통칭하여 차도라는 명칭을 부여한 것이다).

십리평으로부터 동복 15리에 군정서 연병장이 있는데 그 지역은 재목을 벌채하고 나무 뿌리를 파헤쳐서 중국 면적으로 2향지의 넓이를 가진 평지를 만들었으며, 그 연병장으로부리 약 5리에 병영 및 간부의 소재지이며, 십리평으로부터 약 5리 지점까지는 겨우

우마가 통행할 수 있는 도로를 만들었으나, 그로부터 오리 약 20리 지점에는 한 사람의 보행도 곤란한 도로이며 군정서에서 수십인의 인부를 독려하여 목하 도로 개착에 노력하고 있다. 그러므로 대왕청으로부터 우차가 통행할 수 있는 도로는 75리로서 이는 작년까지는 동기 결빙기만이 곡류(曲流)에 따라서 보행이 되었고 여름 동안에는 전혀 교통이 불가능하였다.

당지로부터 불령선인 군정서 집회 지점까지의 교통로는 소왕청(小汪淸, 백초구에서 45리) 입구로부터 약 60리로서 서대파(西大坡)의 십리평(十里坪)까지는 본년 3월경까지는 우마차의 통행이 불가능하였었는데 그들의 일파가 근거를 한 관계로 이 사이에 도로를 수리하고 본년 4월경부터 우차가 통행할 수 있는 도로를 만들었다. 그리고 십리평(十里坪)으로부터 약 30리 삼림 중에 그들 불령선인은 병영을 건설하였으며 이 사이에 30리는 우마차도 통행이 불가능하여 모든 것을 인부의 등으로 운반한다.

2. 병영 건축의 소재지 및 개황

병영 건설 소재지는 이상과 같이 곤란한 장소를 선정, 설치한 것으로 그 곳은 삼림의 오지가 되므로 수목을 벌채하여 중국 면적으로 약 5~6향지 (向地)를 평지로 만들고 그 곳에 병영을 세운 것인데 그 가옥의 구조는 중국식 6간방(六間房) 5동, 5간방 2동을 세워서 1동은 사무소로 충당하고 1동은 노동자의 거처로 충당하며 그 외의 5동은 전무 군인 등이 기거하게 하였다. 그 1동의 길이는 60척, 폭은 20척으로 구조는 외병(外塀)을 통나무로 얽은 것이지만 빈틈이 없어 판자 울타리 대용으로 되었고 천정은 천축(天竺) 목면을 펼쳐서 중앙을 높게 하여 비·이슬을 막을 수 있는 천막이다.

현재 무관학교 학생은 약 3백 50명 정도 재학 중의 학생은 6개월에 졸업이 되는데 오는 9 ·10월 경 졸업할 예정이다. 동교 학생의 연령은 20세로부터 40세 이하인데 처음 모집할 때는 6백 명 예정인 것이 겨우 이상의 인원을 얻게 되었다. 그리고 무관학교라 칭하는 것도 그 교육 과목이 겨우 군사 교육과 군총 취급 방법, 체조 등을 교육하는 데에 불과하다.

동교 직원은 현재 교장, 부총재 현천묵(玄天默), 교관 강필립, 체조 교사(러시아 귀화인으로서 러시아 무관학교 졸업생) 김관(金觀) 외 수명이다.

이상의 학생용으로 약 2동의 가옥이 사용되고 있다.

3. 군정서 최근의 활동

지난달 초순 이래 동서에 내박 중인 러시아 과격파 장교 3명과 귀화인(조선인) 2명도 동대에 가담하였고 노령에 돌아갈 그들 러시아 인은 군사 교육 지도를 위해서 체재하는 것이 아니고 다만 소총, 기타 군기 구입에 대한 연락을 위해서 온 것이다.

최근 군정서에는 일시 본부를 영고탑 방면에 이전한다고 하나 이는 중국측의 주목을 회피하려는 한 계책으로 사실 무근의 유언을 발표한 데에 불과하며 역시 종래의 장소에 있어서 지난달 중순 무기 수령을 위하여 운반대 2백여 명과 말 50여 필을 보냈는데 본월 12일 소총 5백 정, 폭탄 12개들이 11상자가 도착하였다.[88]

북로군정서 독립군부대의 위치, 생활, 무장화 등에 대한 또다른 기록도 있다.

1. 불령선인단 집합 지점까지의 교통로 정황.

당지로부터 불령선인 군정서 집회 지점까지의 교통로는 소왕청(小汪淸) (백초구에서 45리) 입구로부터 약 60리로서 서대파(西大坡)의 십리평(十里坪)까지는 본년 3월경까지는 우마차의 통행이 불가능하였었는데 그들의 일파가 근거를 한 관계로 이 사이에 도로를 수리하고 본년 4월경부터 우차가 통행할 수 있는 도로를 만들었다. 그리고 십리평(十里坪)으로부터 약 30리 삼림 중에 그들 불령선인은 병영을 건설하였으며 이 사이에 30리는 우마차도 통행이 불가능하여 모든 것을 인부의 등으로 운반한다.

2. 병영 건설의 정황

그 병영은 사옥 외부의 벽은 재목을 조합하고 천정은 천축(天竺) 무명으로 펼쳐서 천막식으로 중앙을 높게 하여 비·이슬을 막는 정도이며 그리고, 처음에는 그들(독립군)은 8동을 세울 예정이었으므로 이미 5동은 완전히 준공하여 사용하고 있으며, 또 1동은 건축 중으로 이미 반 이상이 완성되었다.

3. 훈련 방법 및 인원수

그 5동 중에는 그들이 칭하는 사관학교가 있어서 6개월로 속성과라 하여 과목으로는 제1 소총 취급 방법·체조 학과 등으로 대개 구한국 군대식을 취하여 연습하고 있고, 현재, 훈련을 완료한 자는 그들이 칭하는 군인으로서 그 수가 약 6백여 명 지금 또 3백여 명이 재영 중에 있으며 이들 학생 및 불령선인의 복장은 황색 모자를 쓰고 모장은 중국

식과 방불하여 태극 휘장을 붙이고 백색 복장을 입으며 소매에는

자색 횡선을 붙이고 있으므로 마치 일본 군인과도 좀 비슷한 점이 있고, 그리고 그 곳에 집합해 있는 불령선인은 적어도 1천 명은 된다

4. 무장의 종별

소총은 러시아 식이 과반을 점하고 일본 군총 30년식을 가하여 그 수는 약 6백 정이며 또 소총 1정에 탄환은 평균 3백 발로서 수류탄이 5상자 있다.

5. 군정서에 러시아인 및 귀화 선인이 투입해 있는 사실

본월 초순 러시아로부터 러시아 과격파 장교 3명과 귀화 선인단 4~5명이 군정서로 투입하고 있고 그 러시아인은 작년 가을에도 과격파로부터 도피해 온 사실이 있어서 그때에도 3개월 가량 그곳에 체재해 있었으며, 또 그 귀화 선인 중에 강(姜) 필립이라는 자는 20년 전 러시아에

재류하여 러시아 무관학교 기병과 출신으로 유럽 전쟁 때에는 기병 대위로서 출전한 경력을 가졌고 동인은 상당한 식견과 재능을 가진 인물로서 불령선인 중에서도 얻기 어려운 인물로서 정중히 하고 있으며, 또 동인은 이번에 군정서 사령의 부관 겸 사관학교 교관으로 임명되어 목하 이들 불령선인 교육의 책임을 지고 있으며 러시아인 및 귀화인 동반자는 주로 무기 구입에 관하여 타합 중인데 결론을 얻으면 그들은 러시아로 돌아간다고 한다.

6. 불령선인 각대의 편성 방식

불령선인의 조직은 3대로 구별 즉 25명으로 소대라 하고 50명으로 중대라 하며 백 명으로 대대라 하고(또는 1군이라고도 칭함) 그리고, 각대에는 대장 1명을 두며 훈련은 매일 오전 9시로부터 11시까지에 이르고 오후 2시로부터 11시까지 하여 군총 취급과 기타 학과 등이 있다.

7. 지방 초소 설치의 건

지방 초소는 촌락 1백 호에 대하여 통신 분과를 두고 약 30내지 20호의 촌락에는 통신 분국을 두고 과는 분국을 관리하고 과에는 과장 1명 서기 1명, 통신원 5명 이상, 탐사원 2명 이상, 경호원 5명 이상을 두었으며 통신원은 통신 사무를 취급하고 탐사원은 일반 민정을 사찰하며경호원은 주야 교대로 경계의 임무를 맡고 사건이 발생할 경우, 곧 국·

과장에 보고하고 과장은 통신 본국장에게 보고하기로 규정하여 현재 이 방법으로 실행하고 있다.

8. 식량 운반 정황

그들 불령선인의 식료는 항상 좁쌀·밀가루를 사용하고 있으나 그 부근의 주민은 이미 징수되어 호구지책이 곤란하여졌으므로 불령선인 등은 작금 현금으로 식료품을 구입하고, 그리고 운반은 인민의 우마차(牛馬車)를 징수하여 현재 실행 중이며 동 군정서에서는 금후 4·5개월간을 참을 수 있는 식료가 이미 준비 저장되어 있다.

9. 소총 수입에 관한 건

봉오동(鳳梧洞) 일본 군인의 월강사건(越江事件) 후에 불령선인 등은 소총탄 부족으로 본월 18일 러시아인 장교와 계약을 하고 내원 약 1백 명을 러시아로 파견하고, 또 그 소총 운반대를 조직하기 위하여 50호에 대하여 인부 2명과 아울러 말 2필씩을 징수하도록 명령을 각 촌락으로 출발시켰다.

10. 불령선인 장래에 대한 밀의

불령선인 등이 최근 밀의 중인데 일본 군대가 계속 출병하면 우리들은 최후의 1인까지 모두 결사적으로 싸운다 하고 만일 침입하지 않으면 과격파의 세력이 동양에 파급할 때 또는 중·일(中日) 문제가 중대하게 될 때 또는 미국이 완전히 후원하게 될 시기를 보아 일본에 대하여 선전을 포고하도록 금후 2·3년간에 상당히 무기를 구입하고 또 1면으로 실력 충실에 노력하려고 결의하였다.

11. 중국 관헌의 태도

중국 관헌이 불령선인 등의 행동에 관해서는 그 내용을 상세히 취조하지 않고 극히 냉담히 하여 하등의 관계도 하지 않아서 특히 불령선인 등이 정예로운 무기를 가졌다 해도 하등의 직접 중국측에 대해서는 해로운 행동이 없을 것이라는 판단에 의하여 공수 방관적 태도로서 하등의 간섭을 하지 않고 있다.

독립군 무기들

청산리 전투시 독립군 소총

총알

수류탄

청산리 전투 후 빼앗긴 독립군 태극기와 무기들

독립군이 사용한 수류탄

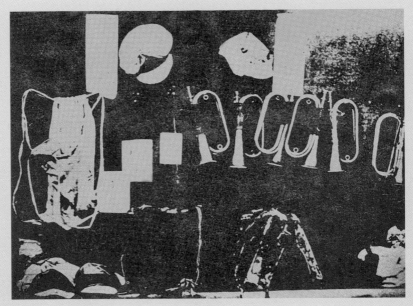

독립군의 나팔 모자 등

일본군이 노획한 홍범도 부대의 수류탄과 탄환

러시아군의 맥심기관총(김병학 소장)

봉오동전투와 청산리전투

1. 봉오동 전투

봉오동전투는 만주 길림성 화룡현 봉오동 골짜기에서 1920년 6월 7일 독립군이 추격해 들어온 일본군 1개 대대와 싸워서 승리를 한 전투를 말한다. 봉오동전투는 실질적으로는 홍범도의 지휘하에 최진동의 군무도독부 독립군과 안무의 국민회군과 홍범도의 대한독립군이 연합하여 대한북로독군부라는 대규모 독립군 부대를 편성하고 신민단의 소부대도 참전하여 봉오동 골짜

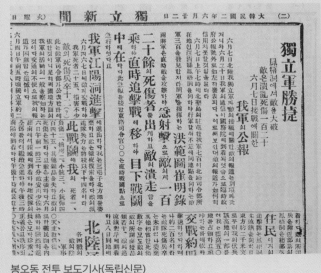

봉오동 전투 보도기사(독립신문)

삼둔자(현재)

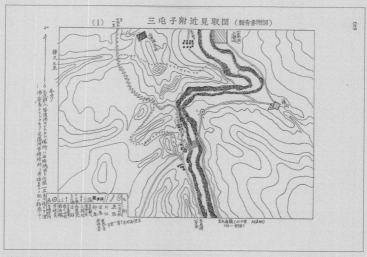

삼둔자전투 부근 지도

기에까지 독립군을 토벌하겠다고 찾아온 일본군 1개대대를 섬멸시킨 대첩이었다. 이에 대하여 구체적으로 살펴보면 다음과 같다.

삼둔자전투와 대한북로독군부의 편성

대한신민단의 박승길이 지휘하는 독립군 1개소대가 1920년 6월 4일 화룡현 월신강 삼둔자를 출발하여 두만강을 건너서 이날 새벽 5시경에 함경북도 종성군 강양동에 진입하여 일본군 헌병 군조 복강(福江)이 인솔하는 헌병순찰 소대를 공격하여 격파하고 귀환한 전투가 있었다. 이에 일본군은 남양 수비대장 신미(新美) 중위가 일본군 1개 중대를 인솔하고 두만강을 건너 만주 간도를 들어와서 독립군 박승길 소대를 추격하였다. 일본군은 삼둔자에 도착하여 독립군이 보이지 않자 무고한 한국인 민간인을 학살한 후 계속 독립군을 추격하였다. 박승길 부대는 삼둔자의 서남방 쪽에 매복하여 일본군 신미중위의 1개 중대를 기다리고 있다가 6월 6일 밤 10시경에 일본군을 공격하여 이 중대를 섬멸하였다. 이것이 이른바 삼둔자전투로서 일본군이 처음으로 두만강을 건너서까지 독립군을 추격했다가 독립군에게 패전한 전투였다. 함경북도 나남에 사단본부를 두고 있던 일본군 제19사단은 이 패전에 크게 분개하여 안천(安川)소좌가 인솔하는 1개 대대의 월강 추격대를 편성하여 두만강을 건너서 간도에까지 들어가 독립군을 섬멸하고 돌아오도록 명령하였다. 일본군 제19사단 안천 추격대대는 독립군을 토벌하겠다고 독립군의 근거지의 하나로 되어 있는 봉오동까지 찾아오게 되었다. 이때 봉오동에서는 3개 독립군 부대가 이미 통합하여 대한북로독군부(大韓北路督軍府)라는 강력한 연합부대를 편성하여 준비를 갖추고 있었다.

대한북로독군부는 최진동의 군무도독부와 홍범도의 대한독립군, 안무의 국민회군이 연합한 대규모의 독립군 부대가 되었다. 그 실병력은 약 900명에 달하였다. 독립군 3개부대가 연합하여 이와 같이 대한북로독군부라는 막강한 연합부

봉오동 전투 지도

봉오동 전투 전황도

봉오동 전투지역(원표시부분, 현재는 봉오동 저수지)

대를 편성해서 봉오동 골짜기에 주둔하고 있을 때 일본군 제19사단의 야쓰가와(安川) 추격대대가 봉오동 입구에 도착한 것이었다. 이때는 이흥수가 지휘하는 약 60명의 신민단(新民團) 독립군 부대도 대한북로독군부에 합세하여 봉오동 골짜기에 주둔하고 있었다.

봉오동전투

대한북로독군부의 최진동·홍범도·안무 등 독립군 대장들은 일본군 1개 대대가 독립군 소부대를 추격하여 봉오동에 접근하고 있다는 보고를 받자 작전회의를 열고 이를 봉오동 골짜기 안에서 섬멸하기를 결정하였다. 대한북로독군부는 봉오동의 주민들을 다른 곳으로 대피하도록 하여 빈 마을을 만든 후에 제1중대장 이천오는 중대원을 인솔하고 봉오동 윗마을 서북단에, 제2중대장 강상모는 동쪽산에, 제3중대장 강시범은 북쪽산에, 제4중대장 조권식은 서산 남단에 매복하여 일본군을 기다리게 하였다. 사령부장 홍범도는 2개중대를 이끌고 봉오동 윗마을 서북쪽 북단에 매복하였다. 홍범도는 또한 군무국장 이원으로 하여금 본부 병력 및 잔여 중대를 인솔하고 봉오동 일대를 서북 고지에서 탄약과 식량을 공급하면서 만일의 퇴로를 확보하도록 하였다. 이흥수가 인솔한 신민단 독립군 60명은 일본군이 진입해 들어오는 봉오동 남단에 매복케 하였다. 사령부장 홍범도는 대한북로독군부의 전체 독립군에게 일본군의 본대가 봉오동 골짜기 안에서 독립군의 매복한 포위망 안에 완전히 들어올 때까지 미동도 하지 않고 매복해 있다가 사령부장의 발포 신호에 따라 일제 사격으로 총공격을 가해서 일본군을 섬멸하도록 명령하였다. 또한 사령부장 홍범도는 제2중대 제3소대 제1분대장 이화일에게 약간의 병력을 주어 고타령 북쪽 1,200미터 고지와 그 북쪽 마을에 대기하고 있다가 일본군이 나타나면 교전하는 체 하면서 일본군을 포위망 안으로 유인해 오도록 하였다.

대한북로독군부의 독립군 대병력과 신민단 이흥수 부대가 완벽한 포위망을 쳐놓고 매복하여 기다리고 있는 줄을 알지 못하고 일본군 월강 추격대대는 1920년 6월 7일 새벽 6시 30분 전위중대를 내보내었다. 독립군 이화일 부대는 이를 맞아 유인하기 위한 교전을 한다는 것이 너무 용감히 싸워서 일본군 전위중대가 놀라 퇴각해버렸다. 일본군 월강 추격대대 본대가 여기서 돌아갔으면 봉오동전투는 없었을 것이다. 일본군은 대한북로독군부 독립군 병력이 막강한 것을 알지 못하고 대오를 정돈하여 같은 날인 1920년 6월 7일 오전 11시 30분에 봉오동 골짜기 안으로 진입하기 시작하였다. 일본군의 척후병이 오후 1시에 독립군의 포위망 안에 들어와 도착해도 독립군이 이를 통과시켜 주자, 일본군 추격대대본대는 안심하고 독립군의 매복 포위망 안으로 깊숙이 들어왔다. 사령부장 홍범도는 이에 총공격 명령의 신호 총성을 울리었다. 매복해 있던 독립군이 3면에서 정확하게 조준하고 있다가 맹렬한 집중사격을 가하니 일본군은 상대가 될 수 없었다. 일본군은 신곡(新谷)중대와 중서(中西)중대를 전면에 내세워 필사의 응전을 하고 기관총중대까지 난사를 했으나 독립군이 매복하여 있어서 정확한 조준사격을 할 수 없었으므로 일본군은 도저히 독립군의 상대가 되지 못하여 막대한 희생만 내었다. 일본군은 포위망 안에서 3시간을 응전하다가 사상자가 격증하자, 더 버티지 못하고 후퇴하기 시작하였다.

강상모가 지휘하는 대한북로독군부 제2중대는 도주하는 일본군을 추격하여 또다시 심대한 타격을 주었다. 일본군은 완전히 참패하였다. 일본군측 자료에 의하면 일본군은 미처 대피하지 못하고 봉오동에 남아있던 어린이 등 한국인 민간인 16명을 학살한 다음 패잔병을 이끌고 돌아갔다. 이것이 봉오동전투이다.

『독립신문』(1920년 12월 25일자)에 게재된 상해 대한민국임시정부 군무부의 발표에 의하면 봉오동전투에서 일본군은 전사 157명, 중상 200여 명, 경상 100여 명을 내고 완전히 참패하였다. 한편 독립군 측의 피해는 전사 4명, 중상 2명의 경미한 것이었다.

한편 봉오동전투를 승리로 이끈 홍범도는 부대의 정비에 착수하였다. 그는 정일 征日 제1군사령관장의 명의로 간도국민회 회장 구춘선에게 의사를 보내주도록 요청하여 부상당한 병사들을 치료했다. 6월 말경 대한북로독군부 산하의 직속부대원들을 이끌고 연길현 의란구에 주둔하여 다시 일본영사관 경찰들을 긴장시켰다.

봉오동전투 이후에도 홍범도부대의 전투활동은 계속되었다. 8월 7일 국자가와 두도구의 일본영사관 분관 소속 경찰과 함경북도 각 경찰서 소속의 경관 등 64명이 광곡종조(光谷宗助)의 경부의 인솔하에 독립군에 대한 수색작업을 전개하였다. 이에 130여 명의 홍범도부대는 연길현 노두구 탄산리를 지나다가 일본경찰이 오는 것을 발견하고 교전에 돌입하여 승리를 거두었다. 오후 6시부터 8시경까지 계속된 전투에서 홍범도부대는 일본경찰부대를 섬멸하였는데, 서전(西田) 순사부장도 중상을 입었으며, 용정의 영사관 분관에서는 42명의 경찰을 증파하였다.

당시 북로군정서에서 활동하던 이정은 그의 『진중일지』 7월 23일자에서 "홍범도 장군은 부하 1개 중대를 거느리고 노두구 방면에서 일본 영사관원 28명과 조우하여 22명을 사살하였는데, 독립군측에는 사상자가 전혀 없었다"고 기록하였

봉오동전투의 중심인물들(좌로부터 홍범도, 최진동, 김규면)

다. 이상의 내용에서 홍범도부대는 봉오동전투 이후에도 일련의 전투에서 전과를 거두고 있었다.

봉오동전투의 역사적 의의

첫째, 봉오동전투는 1910년 일제의 조선 강점이후 독립군이 만주지역에서 일본 정규부대와 전투를 전개하여 크게 승리한 첫 번째 전투라는데 일차적으로 큰 의미가 있다고 생각된다. 주지하는 바와 같이 독립운동가들은 만주로 망명하여 1910년대에는 주로 독립군 기지를 만들고 독립군을 양성하며 독립전쟁을 준비하는데 만전을 다하고 있었다. 서간도의 유하현, 통화현 일대, 북간도의 화룡현 명동촌 일대, 북만주의 밀산 한흥동 일대가 그 대표적인 곳이었다. 독립군을 양성하는 가운데 3·1운동이 전개되었고, 다수의 재만동포들은 만세운동에 적극적으로 참여하였다. 아울러 독립군들은 국내진공작전을 전개하였던 것이다, 삼둔자전투 또한 그러한 연장선에서 이루어진 승리하고 할 수 있다.

둘째, 봉오동전투는 만주에서 전개된 본격적인 독립전쟁의 시작이라는 측면에서 높이 평가할 수 있다. 봉오동전투 승리이후 청산리전투를 비롯한 수많은 독립전쟁이 전개되었다. 아울러 1931년 만주사변 이후에는 대전자령 전투 등이 전개되었다. 이들 전투들은 봉오동전투의 승전이 밑거름이 된 것이라고 할 수 있다. 즉 봉오동전투는 청산리전투 등 수많은 항일전투 승리의 원동력이 되었던 것이다.

셋째, 봉오동전투의 승전은 독립운동단체들 뿐만 아니라 한민족 전체에게 민족적 자부심과 자긍심을 심어주는데도 큰 기여를 하였다. 아울러 우리도 일제와 싸워 승리할 수 있다는 강한 자신감을 불어 넣어주었던 것이다. 상해임시정부의 『독립신문』도 당시 봉오동전투에서 독립군의 대승리를 두 차례나 대대적으로 보도하였다. 간도의 대한국민회도 통고문 '호외'를 발행하여 국민회 각 지회를 통하여 간도지방 한국인들에게 한국독립군이 봉오동전투에서 일본군과 싸워 대승리를 쟁취했음을 널리 알렸던 것이다.

넷째, 봉오동전투는 여러 독립군 부대의 연합에 의하여 이루어졌다는데 큰 의미가 있다고 생각된다. 홍범도의 대한독립군, 최진동의 군부도독부, 안무의 대한국민회군, 김규면 등의 대한신민단 등이 그들 단체이다. 이들 단체들은 각각 나름대로 특징을 갖고 있는 단체들이다. 예컨대 국민회군과 대한신민단은 기독교적인 성격이 강하였고, 최진동은 대지주였다. 홍범도는 평민의병장 출신이었다. 그럼에도 불구하고 일본군에 대항하여 각자의 위치에 따라 입체적으로 항일전투를 수행하였던 것이다. 이는 봉오동전투를 승리로 이끈 한 요인이라고 평가할 수 있다.

다섯째, 봉오동전투의 승리는 봉오동지역을 중심으로 한 주민들의 적극적인 협조가 있었기 때문에 가능하였다. 주민들이 식량을 공급했고, 무기를 구입할 군자금을 제공하였으며, 그들의 자녀들을 독립군으로 입대시켰기 때문이었다. 이는 독립군 지도부와 주민들 사이에 그 만큼 소통이 잘 이루어졌기 때문에 가능하였던 것이다.

여섯째, 봉오동전투의 승전은 홍범도, 최진동, 안무 등 주요 지도자가 있었기 때문에 가능하였다. 홍범도는 전략전술적인 측면에서 탁월한 지도력을 보였다. 그는 구한말 의병 출신으로 국내 및 만주 러시아 등지에서 수많은 실전 경험을 갖고 있었던 것이다. 특히 홍범도는 1910년대 만주 러시아의 항일운동을 주도하였으며, 봉오동전투를 승리로 이끈 장본인이기도 하였다. 또한 청산리전투 승리에도 큰 역할을 하였음이 학계의 연구결과 밝혀지게 되었다. 한편 최진동은 자신의 부를 바탕으로 주민들을 동원하고 식량 등 재정적인 지원을 아끼지 않았던 것이다.

일곱째, 봉오동전투의 승리는 일본군에게 심대한 충격을 주었다. 일본군은 봉오동전투에서의 패전에 충격을 받았을 뿐만 아니라 계속하여 더욱 증강되어 가는 독립군의 군세를 염려하고 두려워하게 되었다.

일본군은 봉오동전투에서의 참패에 충격을 받고 한국 독립부대들의 군세의 증강에 따라 일본군이 직접 간도지방에 출동하여 독립군을 토벌한다는 계획으로 소위 「간도지방 불령선인 초토계획(間島地方 不逞鮮人 剿討計劃)」이라는 것을 1920년 7월 하순부터 입안하여 8월에 이를 확정한 것이었다. 일본군은 중국군의 출동을 통한 간접적 방법보다 일본군이 직접 간도에 침입해서 한국 독립군을 토벌한다는 것이 상책이라고 판단하여 「간도지방 불령선인 초토계획」 실행작전에 동원될 일본군 각 부대에게 1920년 9월 2일 그 준비를 계획하도록 통첩하였다. 일본군이 봉오동전투의 참패에 얼마나 큰 충격을 받았으며 그 대책 수립에 부심했는가를 알 수 있다.

결국 봉오동전투의 승전은 1920년대 이후 국내외에서 지속적으로 항일무장투쟁을 전개하도록 하였으며, 우리도 무력을 통하여 일본제국주의를 물리칠 수 있다는 강한 자신감을 심어주었다는 측면에서 높이 평가할 수 있다. 아울러 이러한 불굴의 무장투쟁 정신은 해방이후에도 그 정신이 계승 발전되었던 것이다.[89]

봉오동 반일전적지 안내도

봉오동 전투 기념비

2. 청산리전투

청산리전투는 1920년 10월 북로군정서와 대한독립군 연합부대가 중국 지린성 (吉林省) 청산리 일대에서 일본군 대부대와 10여 회의 대격전 끝에 격파하여 대승리를 거둔 전투이다.

백운평전투

청산리 독립전쟁의 최초의 전투는 김좌진의 북로군정서 독립군이 1920년 10월 21일 오전 9시 일본군 아즈마 토벌대의 일부인 야마다 보병연대를 삼도구 청산리 골짜기의 백운평 부근에서 섬멸하여 최초의 승리를 획득한 백운평전투였다. 북로군정서 독립군은 일본군이 청산리에 도착하자 부대를 2개 전투제대로 나누어 제1대대는 총사령 김좌진이 직접 지휘하고 제2대대는 사관생도로 편성된 연성대로서 이범석이 지휘하게 하였다.

백운평마을이 있던 곳

북로군정서는 고개를 넘어 퇴각하고 백운평 부근의 절벽 위에 매복하여 일본군의 매복 포위망 안으로 도착하기를 기다렸다. 일본군은 전위중대를 먼저 내보냈다가 백운평의 독립군 매복지점에서 독립군의 기습공격을 당하여 섬멸 당하였다. 일본군 야마다 연대는 분개하여 본대가 백운평에서 공격을 재개했으나 잘 무장된 북로군정서 독립군은 매복한 체 정확한 조준 사격으로 맹공격을 하여 일본군을 참패시켰다. 북로군정서 독립군은 별다른 희생을 치르지 않고 일본군에게 200~300명의 전사자를 내게 하고 일본군을 패주시켜 큰 승리를 쟁취하였다.

완루구전투

홍범도의 독립군연합부대는 일본군 아즈마 지대 본대에게 이도구의 완루구지역에서 포위 당하여 10월 21일 늦은 오후부터 이튿날인 10월 22일까지 전투가 계속되었다. 홍범도 연합부대는 밤이 되자 일본군의 포위망 한 측면을 집중 공격하여 막대한 손실을 입히고 포위망을 벗어나서 외곽으로부터 일본군을 공격했는데 일본군은 홍범도 연합부대가 여전히 포위망 안에 있는 줄 알고 포위망 안에 수색 차 들어온 일본군 부대를 기관총으로 총공격하여 자기들끼리 싸우다 날이 밝은 후에야 그쳤다. 이 전투에서 일본군 한 부대는 독립군과 일본 다른 부대의 협공을 받은 결과가 되어 『독립신문』에 의하면 일본군끼리의 자상(自傷)까지 포함해서 약 400명의 전사자를 내고 참패하였다.

천수평전투

김좌진의 북로군정서 독립군은 청산리 백운평 전투에서 승리한 후 21일 밤 100리를 강행군하여 이도구 갑산촌에 도착하였다. 동포들이 제공하는 차조밥으로 허기를 채우고 있을 때, 일본군 1개 기병대가 다음 촌락인 천수평에 들어가 머

물고 있다는 정보를 마을 동포로부터 얻었다. 북로군정서는 작전회의를 연 결과 천수평의 일본기병대 전초대를 선제공격하기로 결정하였다. 북로군정서는 극도로 피로한 병사들을 한 시간정도 잠을 재우고는 다시 전투태세에 들어갔다. 북로군정서 독립군은 사관생도대가 선두에 서고 본대가 뒤에 서서 1920년 10월 22일 새벽 4시 30분 진군하여 천수평에 도착하였다. 일본군 기병중대는 독립군이 아직도 백리 밖 청산리 부근에 있다고 생각했음인지 소수의 기병 순찰만 세워놓고 병력 120명을 촌락 안에 모아 놓았으며 토성 안에 말을 매어 놓은 체 깊은 잠에 골아 떨어져 있었다.

북로군정서 독립군은 만반의 공격준비를 갖춘 후 10월 22일 새벽 5시 30분 사관생도대가 앞장서서 일본군 기병중대가 잠자고 있는 촌락과 말을 매어 놓은 토성 안으로 총공격을 하여 총탄을 부으며 돌격해 들어갔다. 일본군 기병대는 잠을 자다가 놀라 깨어서 허둥지둥 뛰어나와 응사하면서 말을 찾았으나 말은 이미

천수평전투가 전개된 천수평

사살되거나 달아나 버린 뒤였다. 일본군 기병 전초중대는 전의를 상실한 상태에서 독립군의 날카로운 공격에 도저히 대항할 능력이 전혀 없었다. 한 차례의 혼전이 있은 다음에 일본군은 4명이 용케도 말을 찾아 타고 탈출한 이외에는 약116명 전원이 몰살당하였다. 이 때 노획한 문서를 보니 이 일본군 부대는 기병 제27연대 소속의 전초기병중대였다. 독립군의 피해는 전사 2명과 부상 17명의 경미한 것이었다. 북로군정서의 독립군은 천수평전투에서도 대승리를 쟁취한 것이었다.

어랑촌전투

북로군정서 독립군은 천수평전투에서 일본군 전초기병중대를 섬멸한 후 숨돌릴 사이도 없이 다음 전투를 준비하지 않으면 안되었다. 왜냐하면 천수평에서 도망쳐 간 4명의 일본군 기병이 어랑촌에 설치한 그들의 기병연대사령부에 사태를 보고했을 것이고 이렇게 되면 일본군 대부대의 공격이 있을 것은 틀림없는 일이

어랑촌 마을

었기 때문이었다. 북로군정서는 앉아서 적을 기다리기보다는 기선을 잡아 먼저 유리한 고지를 선점하여 선제공격을 가하는 것이 승리를 보장하는 것이라고 판단하고 어랑촌 서남단 고지를 선점하는 작전을 개시하였다.

북로군정서 독립군이 어랑촌 서남단 고지를 선점하고 전투 태세에 들어갔을 때 일본군도 얼마 후에 역시 이 고지를 선점하려고 달려왔다. 그 결과 일본군은 고지 밑에서 고지위에 있는 독립군을 공격하게 되었고, 독립군은 고지위에서 일본군을 내려다보면서 응전하게 되었다. 독립군은 지형이 유리했으나 일본군은 병력과 화력이 압도적으로 우세했다. 고지위의 북로군정서 독립군은 약 600명이었으나 이를 아래에서 포위하고 공격해 올라오는 일본군 병력은 약 5천명에 가까웠다. 일본군은 병력과 화력의 우세만 믿고 22일 오전 9시경부터 고지를 향해 공격을 시작했다. 북로군정서 독립군은 아래를 내려다보며 이 전투를 전사할 자리라고 각오하고 혈전을 전개하였다. 오전 내내 치열한 전투가 되풀이되었으나 북로

어랑촌 일대(일제시기)

군정서 독립군은 반복해 기어올라오는 일본군의 돌격전을 좌절시켰다. 북로군정서 독립군은 오후에도 혈전을 전개하는 중에 홍범도가 지휘하는 독립군 연합부대가 우측 다른 고지에 찾아와 지원 전투를 해주는 도움을 받았다. 완루구전투를 치르고 서방으로 이동하던 홍범도의 독립군 연합부대는 북로군정서 독립군이 일본군 연대병력에 포위되어 혈전을 전개하고 있다는 통고를 받고 이를 지원하러 찾아왔기 때문이었다. 북로군정서 독립군이나 홍범도 연합부대의 독립군이나 모두 지형이 유리했기 때문에 돌격해 올라오는 일본군을 내려다보며 정확하게 총을 겨누었다. 일본군은 300여 명의 전사자와 수많은 부상자를 내고 공격이 둔화되었으나 병력과 화력이 우세하므로 단념하지 않고 오후 내내 공격을 되풀이하였다. 결국 해가 져서 어둠이 내리자 어랑촌전투는 종결되었으나 일본군은 여전히 고지를 점령하지 못하고 실패했으며, 독립군이 승리한 것으로 귀결되었다. 상해 임시정부 군무부는 어랑촌전투에서 일본군의 전사자를 약 300명으로 추산하였으며, 이범석은 일본군의 피해를 전사자와 부상자를 합해서 약 1천명이라고 추산하였다. 한편 독립군도 어랑촌전투에서 피해가 가장 커서 북로군정서의 피해만도 이범석은 전사자와 부상자를 합하여 약 100명이라고 기록하였다. 북로군정서와 홍범도 연합부대의 독립군은 어랑촌전투에서 승리한 후 부대를 소부대들로 나누어 안도현 방면으로 이동하였다.

청산리전투 참여인물(좌로부터 김좌진, 서일, 이범석, 홍범도)

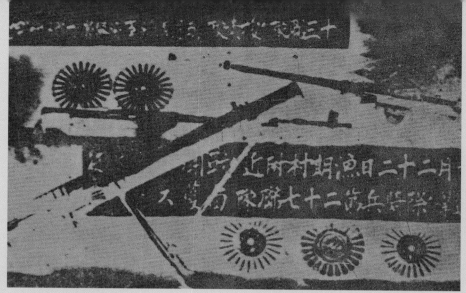
어랑촌전투시 독립군 무기

맹개골전투

북로군정서 독립군은 작은 부대들로 나누어 안도현 방면으로 이동하다가 10월 23일 오후 3시경 맹개골 삼림속을 통과할 때, 일본군 기병 30명이 이 골짜기의 길로 진입하는 것을 발견하였다. 북로군정서 독립군은 곧 삼림의 변두리에 매복했다가 일본군이 접근해오자 일제히 공격을 가하여 일본군 기병 10여 명을 사살하고 나머지를 패주시켰다.

만기구전투

북로군정서 독립군은 맹개골전투를 거친 후 10월 23일 오후부터 약 20리 떨어진 만기구 후방 삼림 속에서 휴식 중일 때, 전방 약 100미터 지점에서 일본군 보병 약 50명이 밀림으로 서서히 행군해 오는 것을 발견하였다. 북로군정서 독립군은 정확한 조준사격으로 공격을 감행하여 일본군 30여 명을 즉각 사살하고 나머지 일본군은 패주시켰다.

안도현(일제시기). 고동하전투 후 안도현으로 이동함으로서 청산리대첩의 대막이 내려졌다.

쉬구전투

북로군정서 독립군 50명은 10월 24일 쉬구로 행군하다가 일본군 기포(騎砲) 6문과 일본 군 보병 100여 명이 방심한 체 촌락의 전방을 통과하여 삼림 쪽으로 올라오는 것을 발견하였다. 북로군정서 독립군 50명은 즉각 일본군을 공격하여 일본군 기포병을 모두 섬멸하고 동시에 뒤따라오는 일본군 보병을 다수 살상하였다.

천보산전투

이범석이 인솔하는 북로군정서 독립군의 한 부대는 10월 24일 8시와 9시의 두 차례에 걸쳐 천보산 부근의 은동광을 수비하고 있는 일본군 1개 중대를 두 차례 습격하였다. 일본군 수비대는 다급하여 연길(延吉)에 있는 기관총대 1개 소대의 긴급 증원을 요청할 정도로 고전하였다. 이어서 홍범도의 독립군 연합부대에 속한 한 독립군 부대는 10월 25일 새벽 식량조달을 위하여 천보산 부근에 나갔다가 일본군을 습격하여 큰 피해를 주었다. 일본군은 놀라서 부근에 있는 일본군 보병 1개 대대를 긴급히 천보산에 증파하였다.

고동하골짜기전투

청산리 독립전쟁의 마지막 전투는 고동하에서 10월 25일 한밤중부터 26일 새벽까지 홍범도의 독립군이 야습해 온 일본군을 도리어 반격해 대타격을 주고 패주시킨 전투였다. 홍범도가 인솔하는 한 독립군부대가 고동하 골짜기의 밀림에 있을 때 일본군 반야(飯野)소좌가 지휘하는 150명의 토벌대가 독립군을 찾아 헤매다가 10월 25일 밤 10시경 고동하 골짜기에서 홍범도 부대의 연기를 발견하고 정각 12시에 150명의 병력 중에서 먼저 2개 소대를 앞세워 돌격적으로 야습을 감행하였다. 그러나 밀림 전에 숙달된 홍범도 부대는 미리 매복하였다가 대대적인 반격을 가하여 습격해온 일본군 2개 소대를 거의 전멸시켰다. 고동하 골짜기의 전투를 마지막으로 화룡현 이도구와 삼도구 일대의 독립군은 10월 26일 낮부터는 안도현(安圖縣) 방면으로의 철수 작전을 전개하여 청산리 독립전쟁은 일단 멈추게 되었다. 청산리 독립전쟁은 이렇게 해서 1920년 10월 21일 아침부터 10월 26일 새벽까지 만 6일간에 걸쳐 숨가쁘게 전개된 끝에 독립군의 승리로 일단 막을 내린 것이었다.

청산리계곡

<독립신문>의 청산리전투 보도

북로군정서 총재 서일은 상해 임시정부에 제출한 보고서에서 청산리전투의 승전요인을 다음과 같이 지적하였다.

1) 독립군의 승전의 요인

① 생명을 돌아보지 않고 분발하여 용감히 결투하는 독립에 대한 군인정신이 적의 심기를 압도한 것,

② 양호한 진지를 선점하고 완전히 준비를 하여 사격 성능을 극도로 발휘한 것,

③ 응기수변(應機隨變)의 전술과 예민 신속한 활동이 모두 적의 의표에서 벗어나 뛰어난 것이다.

2) 일본군의 패전 요인

① 병가에서 가장 기피하는 경적(輕敵)의 행위로 험곡장림(險谷長林)을 별로 수색과 경계도 없이 전부의 함몰을 당한 것,
② 국지전술에 대한 경험과 연구가 부족하여 삼림과 산지 중에서 종종의 자상충돌(自相衝突)을 낳은 것,
③ 일본군의 염전심(厭戰心)과 피사도생(避死逃生)하는 겁나심(怯懦心)은 극도에 달하여 군기가 문란하여 사법(射法)이 부정하여 1발의 효과도 없는 난사를 행할 뿐인 것

청산리전투는 김좌진을 비롯한 지도부의 전술 전략, 일반병사들과 재만동포들의 적극적인 희생과 봉사, 주민들이 마련해준 우수한 화력 등을 통하여 이루어진 만주지역 무장투쟁의 꽃이었다고 할 수 있다. 특히 이 전투는 우리도 현대식 무장을 갖춘 일본군과 싸워 승리할 수 있다는 강한 자신감을 심어주었다는 측면에서도 높이 평가할수 있는 전투였다.

청산리전투기념비

【참고문헌】

불령단관계잡건-조선인의 부-재만주의부

강덕상, 『현대사자료』 27, 조선3, みすず書房, 1977.

강덕상, 『현대사자료』 28, 조선4, みすず書房, 1977.

국사편찬위원회, 『한국독립운동사』 4, 1968.

국사편찬위원회, 『한국독립운동사』 5, 1968.

국회도서관, 『한국민족운동사료』(3·1운동편2), 1978.

김신규, 「체코슬로바키아 레기온의 반란과 러시아 내전 개입」 『세계 역사와 문화연구』45, 2017.

독립운동사자료편찬위원회, 『독립운동사자료집』 10, 1976.

한국독립운동사자료총서 33, 『청산리전투 이우석 수기·신흥무관학교』, 독립기념관, 2014.

『외무성경찰사』 20권, 不二出版, 동경, 1998

국방군사연구소, 『한국무기발달사』, 1994.

박영석, 『한 독립군 병사의 항일전투-북로군정서 병사 이우석의 사례』, 박영사, 1984.

박환, 『잊혀진 혁명가 정이형』, 국학자료원, 2006.

박환, 「대한청년단연합회의 성립과 활동」 『만주지역 한인민족운동의 재발견』, 국학자료원, 2014.

박환, 「3·1운동 직후 만주지역 독립군과 무기」 『전쟁과 유물』 7. 전쟁기념관, 2015.

신용하, 「대한(북로)군정서 독립군의 연구」 『한국독립운동사연구』 2, 독립기념관, 1988.

신효승, 「1차 세계대전 이후 중국 동북지역 독립군 부대의 무기 도입」 최운산장군기념사업회 주최
    학술회의, 2019.

조필군, 「청산리전역의 군사사학적 재조명」 『한국독립운동사연구』38, 2011.

채영국, 「정의부의 항일군정활동」 『한국독립운동사연구』 12, 독립기념관, 1998.

국제역사교과서연구소, 『상해임시정부와 체코군단』, 2019년 제19차 국제역사교과서연구소 국제학
    술회의, 2019.

황정식, 「상해 대한민국임시정부와 체코군단」 『동국사학』 67, 2019.

佐佐充昭, 「靑山里戰鬪において大倧敎に果たした役割-ロシア革命派から 武器入手を 中心に」 『朝
    鮮學報』 242, 2017.

Zdenka Kloslova, Praha, The Czechoslovak Legion in Russia and Korean Independence
    Movement , Archiv Orientalni 70, 2002. May.

【주】

1 김주용, 「1920년대 초 독립운동단체의 군자금 모금활동」, 『한국독립운동사연구』 제32집, 독립기념관 한국독립운동사연구소, 2009, 218쪽

2 국회도서관, 『한국독립운동사자료』(3·1운동 1), 817쪽.

3 『외무성경찰사』 20권, 不二出版, 동경, 1998, 147-149쪽.

4 국회도서관, 『한국독립운동사자료』(3·1운동 1), 817쪽.

5 위의 책 817쪽.

6 육삼 조선족 이주사, <동북아신문> 2020. 1. 16

7 『현대사자료』 27, 조선3, 376쪽.

8 신용하, 「대한(북로)군정서 독립군의 연구」, 『한국독립운동사연구』 2, 226쪽.

9 신용하, 위의 논문, 227쪽.

10 『현대사자료』 28, 조선4, 359쪽.

11 『독립운동사자료집』 10, 116쪽.

12 박환, 「대한청년단연합회의 성립과 활동」, 『만주지역 한인민족운동의 재발견』, 국학자료원, 2014, 76-84쪽.

13 국사편찬위원회, 『한국독립운동사』 4, 827쪽.

14 위의 책, 822쪽.

15 위의 책, 826~827쪽.

16 국회도서관, 『한국민족운동사료』(3·1운동2), 217쪽.

17 독립운동사자료편찬위원회, 『독립운동사자료집』 10, 1976,

18 국방군사연구소, 『한국무기발달사』, 1994, 601-631쪽

19 도도윤이 파견한 조사원의 불령선인 단체의 실황에 관한 보고의 건, 『독립운동사자료집』 10, 151쪽.

20 『한국독립운동사』 4, 779-780쪽.

21 『한국독립운동사』 4, 792-794쪽.

22 채영국, 「정의부의 항일군정활동」 『한국독립운동사연구』 12, 독립기념관, 1998, 67쪽.

23 국사편찬위원회, 『한국독립운동사』 4, 1968, 814-815쪽.

24 채영국, 위의 논문, 67-68쪽.

25 『한국독립운동사』 4, 758쪽.

26 『한국독립운동사』 4, 759쪽.

27 『한국독립운동사』 4, 760쪽.

28 『한국독립운동사』 5, 637쪽.

29 위와 같음

30 『독립운동사자료집』 10, 117쪽.

31 만주 독립군의 전투식량은 뭐였을까. <서울신문> 2019. 8. 14일자.

32 심철기, 『근대 전환기 지역사회와 의병운동 연구』, 선인, 2019, 257-263 참조.

33 박환, 『잊혀진 혁명가 정이형』, 국학자료원, 2006.

34 국회도서관, 『한국민족운동사료』(31운동편 2), 1978, 737쪽.; 『현대사자료』 27, 376쪽.

35 압수기사 조선일보 1920년 5월 22일자 <북만주의 배일파 기세 왕성, 軍旗를 앞세우고 백주 엄숙하게 행진>, 동아일보 1920년 7월 24일자 <간도의 무장 배일단, 중국의 양해를 얻어 출병하기 전에는 소멸한 도리가 없다고 간도 계총(堺總) 영사 談>에서도 독립군과 러시아 과격파의 협조관계와 러시아 과격파가 독립군에게 무기를 제공하고 있음을 보도하고 있다.

36 불령선인의 행동, 『현대사자료』 28, 조선4, 359쪽.

37 불령선인 행동 보고의 건, 『현대사자료』 27, 조선3, 350 쪽.

38 신용하, 「대한(북로)군정서 독립군의 연구」, 『한국독립운동사연구』 2, 1988, 228쪽.

39 『외무성경찰사』 20권, 不二出版, 동경, 1998, 147-149쪽.

40 『외무성경찰사』 20권, 147-149쪽.

41 『현대사자료』 27, 조선 3, 348쪽.

42 『현대사자료』 27, 조선 3, 348쪽.

43 『현대사자료』 27, 조선 3, 348쪽.

44 불령선인 노령으로부터 총기탄약 운반의 건, 『현대사자료』 27, 344쪽.

45 불령선인 총기탄약운반의 건, 『현대사자료』 27, 345쪽.

46 국회도서관, 『한국민족운동사료』(3·1운동 2), 714쪽,

47 국회도서관, 『한국민족운동사료』(3·1운동 2), 714쪽

48 불령선인 병기밀매에 관한 건, 『현대사자료』 27, 349쪽.

49 불령선인의 무기구입에 관한 건, 『현대사자료』 27, 조선 3, 343쪽.

50 『독립운동사자료집』 10, 126-127쪽.

51 박영석, 『한 독립군병사의 항일전투-북로군정서 병사 이우석의 사례』, 박영사, 1984.

52 이범석, 『우둥불』 사상사, 1971.

53 불령선인 병기밀수송의 건, 『현대사자료』 27, 조선 3, 366-367쪽

54 『현대사자료』 27, 조선 3, 345쪽.

55 『현대사자료』 27, 365쪽.

56 Z. Klöslova, "Czech Arms for Korean Independence Fighters" in Archiv orientalni, Praha, (2003), p.63

57 Z. Klöslova, "Czech Arms for Korean Independence Fighters", p.59. 황정식, 「상해임시정부와 체코군단」 『상해임시정부와 체코군단』 국제역사교과서연구소, 2019.

58 카르다는 Gajda에 대한 오해 혹은 오기로 보임.

59 황정식, 「상해임시정부와 체코군단」 『상해임시정부와 체코군단』 국제역사교과서연구소, 2019.

60 이러한 주장을 펴는 가장 최근의 논문은 황정식, 「상해임시정부와 체코군단」 『상해임시정부와 체코군단』 국제역사교과서연구소, 2019이다.

61 체코인으로서 체코군단과 독립군과의 관계를 광범위하게 연구하고 다수의 논문을 발표한 이는 Zdenka Klöslova이다. "A Story of (not only) a Silver Vase", Dejiny a somcasnost 16/6(1997), pp.17-20. "Two Czechs in Korean History : Radola Gajda and Josef Hanc", in Novy Orient 55/6(2000), pp. 216-222. "Koreans and Czech Arms", in Novy Orient 55/8(2000). "Czech Arms for Korean Independence Fightings" in Archiv orientalni, Quarterly Journal of Asian and African Studies(2003). "The Czechoslvak Legion in Russia and Korean Independences Movement(A Contribution to the Earlest Czech-Korean Contacts)" in Archiv orientalni (2002), pp. 195-220. 등이 있다.

62 The Korea Times, 2009년 3월 11일자. 황정식, 「상해임시정부와 체코군단」 『상해임시정부와 체코군단』 국제역사교과서연구소, 2019.

63 <뉴스쉐어> 2011.8.19. '체코 대사, 100년 전 서울을 선물하다'

64 국회도서관, 『한국민족운동사료』(3·1운동편 2), 1978, 737쪽; 『현대사자료』 27, 조선3, 375-377쪽.

65 국회도서관, 위의 책, 737쪽.

66 『한국민족운동사료』(3·1운동편 2), 540쪽.

67 위의 책, 715-716쪽.

68 국회도서관, 위의 책, 877-878쪽.

69 『독립운동사자료집』 10, 117-118쪽.

70 홍파, 과거 50년을 돌아보면:리승-홍파」, 『카작스탄 및 중앙아시아한국학소식』, 4, 1993.7, 58-59쪽.

71 『독립운동사자료집』 10 111-112쪽.

72 『독립운동사자료집』 10 112-113쪽.

73 신용하, 「대한(북로)군정서 독립군의 연구」 『한국독립운동사연구』 2, 229쪽.

74 독립운동사자료편찬위원회, 『독립운동사자료집』 10, 1976, 144-145쪽.

75 국회도서관, 『한국민족운동사료』(31운동편 2), 737쪽. 『현대사자료 27, 376쪽.

76 박영석, 「한 독립군 병사의 항일전투-북로군정서 병사 이우석의 사례』 박영사, 1984. 62-91쪽.

77 KBS탐사보도부는 2019년 8월 13일 방송된 <밀정> 1부에서 김좌진 장군의 비서 이정을 밀정으로 보도했다.

78 불령선인의 근거지 이동에 관한 건, 『현대사자료』 27, 조선 3, 355-356쪽.

79 『독립운동사자료집』 10, 127-128쪽.

80 『독립운동사자료집』 10, 148-149쪽.

81 『독립운동사자료집』 10, 149쪽.

82 『독립운동사자료집』 10, 150쪽.

83 김정명, 『조선독립운동』 3, 원서방, 1967; 국사편찬위원회, 『한국독립운동사』 3, 4, 5, 1970~1978; 독립운동사편찬위원회, 『독립운동사』 5, 1983; 국가보훈처, 『독립유공자공훈록』 4, 1987.

84 『독립운동사자료집』 10, 151쪽.

85 『독립운동사자료집』 10, 151-153쪽.

86 『독립운동사자료집』 10, 153-155쪽.

87 일본외무성사료관, 「大韓軍政署」 『大正十五年 四月: 間島地方에서의 不逞鮮人團의 組織 및 役員 調査書』(『독립운동사자료집』 10, 156쪽).

88 『독립운동사자료집』 10, 147쪽.

89 독립운동사 편찬위원회, 『독립운동사제5권, 1973; 신용하, 「홍범도의 대한독립군의 항일 무장투쟁」 『한국학보』 제34집, 1986; 신용하, 「봉오동전투와 청산리 독립전쟁」 『한국 독립운동사』 제4권, 국사편찬위원회, 1988; 윤병석, 「봉오동승첩」 『獨立軍史』 지식산업사, 1990.

【찾아보기】

[ㄱ]

가이다(Radola Gajda) 118, 119, 122, 151

강(姜)필립 192, 194

강국모 111

강상모 57, 205

강우홍 57

강응오 80, 81

개틀링포 87

게베르32 87

계봉우 42, 48, 57

계화 176

고활신 98

구춘선 30, 31, 48, 161, 186, 190, 206

김관 192

김규면 113, 114

김기선 57

김낙필 177

김덕선 33

김동규 34

김립 42

김병학 43

김사직 177

김성극 187

김성백 109

김성서 30

김 알렉산드라 페트로브나 43

김약연 42

김영선 116

김영학 32, 112

김익지 109

김정 34, 180

김종헌 188

김좌린 177

김좌진 171, 175, 185, 189, 211, 212, 216, 223

김준 45, 46, 49, 74, 186, 187

김창헌 97

김창환 93, 95

김하석 42, 47, 48, 49, 50, 54, 56, 112

김혁 189

[ㄴ]

나간트(Nagant) 권총 67

나정화 159

나중소 189

남공선 42

남부식(Nambu, 南部式) 권총 61. 68

남진호 177

니콜라이 김 109

[ㄷ]

대한북로독군부 202

대한통의부 92

덴니크 118, 121, 128

[ㄹ]

러시아제 PM1910 70

레밍턴 롤링블럭 소총 87
루거(Luger) P08 권총 69
루거 권총 61
루카식 권총 73

[ㅁ]
마우저(Mauser) 권총 61, 66
Mauser Gew71/84 64
마우저 소총 87
마우제 M1871소총 87
만기구전투 217
맹개골전투 217
맹훈 57
모신나강 62
무라다 소총 87
밀즈(Mills) 수류탄 72
Milos Hess 117

[ㅂ]
박경민 30
박경철 30, 34, 188
박관해 48
박모이세이 161
박문호 43
박병흡 31
박승길 112, 113, 202
박영 34
박운피 42
박웅세 44, 45, 46, 48
박원 34
박은식 118

박응백 97
박창호 116
박태관 42
박태여 110
박태화 110
박표돌 161
방위룡 186, 188
백광운 99
백운평전투 211
베르단 소총 87
봉오동전투 185, 200
브라우닝(Browning) 권총 61, 67

[ㅅ]
삼둔자전투 202
30식 소총 64
38식 소총 64
서상용 30, 31, 81
서일 32, 175, 176, 186, 189, 216, 222
셉첸코 113
손화당 80
쉬구전투 218
슈타이어(Steyr) M95 장총 70
Syrovy 117
신언갑 93
신용진 111, 112, 160

[ㅇ]
안덕삼 109
안도현 220
안무 34, 190, 200, 204, 208

안상희 177

안영진 57

안정근 32, 34

안중근 67

안창호 35

양기탁 98

양현 181

어랑촌전투 214

엄인섭 49, 50, 54

엄정훈 178

에체니코 111

엔필드 87

여봉갑 57

여운형 122

영국제 선조총 87

오동진 34, 93

오원준 109

오학수 35

완루구전투 212

왕삼덕 34

우득룡 109, 112

우봉운 54

원일상 57

유기룡 111

유읍준 80

윤동선 57

윤동철 80

윤준희 41, 44, 45, 46, 48, 49, 50, 51, 55

이광 31, 49, 57, 118

이교성 178, 181

이근식 181

이낙준 57

이능권 89

이동휘 32, 35, 42, 43, 48, 56, 57, 112, 158

이명순 159

이범모 188

이범석 115, 211, 216, 219

이범윤 186

이병영 34

이병휘 42

이선진 110

이시영 99

이영백 115

이용 34, 49, 112, 149, 159, 160, 161, 162, 190

이우석 171, 172

이웅해 93, 98

이원 34

이이순 54

이인백 179, 181

이재형 57

이정 171, 176, 206

이청천 179

이탁 34

이형도 81

이호룡 179, 181

이호반 48

이흥수 204, 205

이희수 188

임국정 41, 44, 45, 46, 47, 48, 49, 50, 51, 55, 57, 112

임대성 186

임도준 176

임명극 57

임춘산 188

[ㅈ]

장경무 54

장기영 42, 43

장기욱 54

전덕원 97, 98, 99, 100

전석규 190

전영수 109

전의근 190

전이권 187

전일 43, 56, 176, 178

전홍섭 44, 45, 46, 47, 48, 55

정명필 161

정성규 57

정이형 92

정인철 178

정일무 57

정재면 81

정효기 92

제갈경 188

조성환 176, 181

조윤관 49

조훈 57

주건 31, 34, 57

주건룡 177

주룡술 57

주성삼 180

주진술 57

주해일 111, 162

지응진 34, 35

지장회 188

진학신 111, 188

[ㅊ]

채계복 53, 54

채창헌 57

채창현 43

천보산전투 219

천보총 87

천수평전투 212

철혈광복단 42

청산리전투 211

체코군단 146

최계립 55

최권성 80

최린걸 33

최면 177

최명록 186

최문빈 80

최병한 80

최봉렬 31

최봉설 18, 41, 44, 45, 46, 47, 48, 49, 50, 54, 55

최봉준 46

최상종 57

최우익 32

최원 177

최원제 181

최이관 44

최이수 49, 50, 54

최익선 43

최주봉 180

최진동 34, 158, 185, 187, 190, 200, 204, 208
최태성 161
최호극 57

[ㅋ]
콜트식 권총 61

[ㅍ]
피비디 마르티니 소총 87

[ㅎ]
한상렬 116
한상호 41, 44, 45, 46, 47, 49, 50, 51, 55, 56
한창걸 37
한츠 122
허근 187
허은 188

허재명 110, 111, 162
허중권 180
허형식 40
허활 179
현갑 32, 181
현정경 98
현천묵 175, 189, 192
홍림 188
홍범도 34, 44, 45, 48, 49, 66, 110, 111, 114, 152, 160,
     162, 177, 178, 185, 186, 187, 188, 199, 200, 202,
     204, 205, 206, 207, 208, 212, 216, 219, 220,
     229
홍파 161
화룡현 220
화승총 86
황하담 180
후장식 소총 87

독립군과 무기

초판 1쇄 발행 2020년 5월 30일
초판 2쇄 발행 2020년 7월 30일

저 자 박 환

발행인 윤관백
발행처 도서출판선인

디자인 박애리
편 집 이경남 · 박애리 · 김지현 · 이진호 · 임현지 · 주상미
영 업 김현주

등 록 제5-77호(1998.11.4)
주 소 서울시 마포구 마포대로4다길 4 곳마루 B/D 1층
전 화 02)718-6252/6257
팩 스 02)718-6253
E-mail sunin72@chol.com

정 가 19,000원
ISBN 979-11-6068-381-3 93910

·잘못된 책은 바꿔 드립니다.